KB172266

언택트 비즈니스
UNTACT
BUSSINESS

100년의 비즈니스가 무너지다

언택트 비즈니스

UNTACT
BUSINESS

박경수 지음

포르체

일러두기

- 책에 등장하는 주요 인명, 지명, 기관명 등은 국립국어원 외래어 표기법을 따랐지만 일부 단어에 대해서는 소리 나는 대로 표기했습니다.
- 책은 《 》로, 신문, 보고서, 채널명 등은 〈 〉로 표기했습니다.

100년의 비즈니스가 무너지다

2020년 5월 15일. 1902년에 설립된 미국의 J.C.페니J.C. Penney
백화점이 파산보호신청을 했다. 100여 년 이상 미국인의 사랑을
받아온 대표적인 유통업체였다. J.C.페니는 가성비 좋은 상품을
판매하며 미국인들의 삶과 같이했다. 직원도 8만 5,000명에 달한
다. 하지만 J.C.페니는 코로나19로 2020년 4월 미국 전역의 매장
을 폐쇄한 후, 더는 버틸 수 없는 상태에 이르렀다. 이미 주식은
주당 1달러까지 하락했고, 2006년 파트너십을 맺었던 프랑스 화
장품 회사 세포라Sephora는 J.C.페니 체인점 내 매장을 철수하겠다
고까지 했다. 이런 상황에 미국의 이커머스 업체 아마존Amazon이
J.C.페니 인수를 검토한다는 소식은 지금 우리가 전환의 기로에
서 있다는 것을 보여준다.

이렇게 파산보호신청을 한 백화점은 J.C.페니뿐만이 아니다. 1907년 설립된 미국의 니만 마커스Neiman Marcus, 1879년 설립된 독일의 갈레리아 카우프호프GALERIA Kaufhof, 1778년 설립된 영국의 데번햄스Debenhams 등 100년 이상의 역사를 자랑한 백화점들이 줄줄이 파산보호신청을 했다. 그렇다고 이 백화점들이 명맥만 유지해온 업체도 아니었다. J.C.페니의 2019년 매출은 107억 달러, 니만 마커스는 36억 달러, 갈레리아 카우프호프는 26억 달러, 데번햄스는 35억 달러(2018년 기준)였다.

사실 J.C.페니는 100년의 역사만큼이나 인터넷 시대에도 잘 대응해왔다. 1998년에는 인터넷 시대를 맞이해 'J.C.페니닷컴jcpenney. com'이라는 온라인 쇼핑몰도 만들었고, 그해 온라인 매출은 1500만 달러를 기록했다. 2002년에는 의류, 가구 분야에서 가장 큰 온라인 쇼핑몰이 되었다. 고객만족도 역시 경쟁자 대비 낮지 않았다. 미국고객만족도지수를 보면 2019년 기준 노드스트롬Nordstrom이 79, 콜스Kohl's 79, 메이시스Macy's 78, J.C.페니 78로 경쟁자와 유사한 수준이었다. 하지만 현재 J.C.페니닷컴에는 "쇼핑할 수 없다."라는 공지만 있다. 2007년 1,067개였던 매장 수는 2012년 1,114개로 정점에 이르렀다가 2014년 1,062개, 2016년 1,013개, 현재는 846개로 급락했다. 한때 J.C.페니 매장은 2천 개 이상(1973년)이었다. 또 평방피트당 매출은 2017년 기준 121달러로 경쟁업체인 콜스 224달러, 메이시스 198달러, 노드스트롬 498달러 대비 낮았다.

특히 J.C.페니는 경영 악화를 타개하기 위해 2011년에 애플스토어를 성공시킨 론 존슨Ron Johnson을 CEO로 영입했다. 하지만 그가 추진한 백화점의 고급화 전략은 실패로 돌아갔고 2012년, 2008년 이후 최악의 실적을 기록한 후 2013년 4월 J.C.페니를 떠났다. J.C.페니가 자신들의 위기를 몰랐던 것은 아니었지만, 잘못된 경영, 급격한 환경 변화는 J.C.페니를 몰락의 길로 들어서게 했다.

이처럼 100여 년의 역사를 가진 백화점들이 코로나19에 직격탄을 맞으며 무너지고 있다. 앞서 언급한 업체들의 위기는 하루이틀이 아니었다. 그래서 그 전부터 지속적으로 인력 구조조정을 했고, 점포 수를 줄여나갔다. 하지만 100년의 역사는 경영 회복을 위한 노력에도 불구하고 코로나19로 무너졌다. UBS 애널리스트들은 "포스트 코로나 시대에는 소매점 폐쇄가 가속화될 것."이라고 말한다. 더군다나 J.C.페니의 경쟁자인 노드스트롬, 콜스, 메이시스도 코로나19가 지속될 경우, 위험한 상황에 처할 수 있다.

지금으로부터 25년 전에도 이와 유사한 상황이 있었다. 이를 보면 지금 우리는 거대한 패러다임의 전환 속에 있는지도 모른다. 바로 1995년 브리태니커 백과사전Encyclopedia Britannica의 매각이다. 이 백과사전은 4400만 개의 낱말과 12만여 개의 항목으로 구성되었다. 게다가 4천여 명의 저자가 참여했으며 편집제작비만 3200만 달러에 달하기도 했다. 이런 방대한 지식이 집대성되어 있는 백과사전은 인터넷이 발달하기 전만 해도 지금의 인터넷 포털 사이트 역할을 했다. 모르는 게 있거나 자세히 알고 싶은 게 있으면 백과사전을 제일 먼저 찾아봤다.

브리태니커 백과사전은 1768년 스코틀랜드에서 처음 만들어졌다. 이후 1920년 당시 우편주문배달업체였던 지금의 시어즈Sears가 브리태니커를 인수했다. 1941년에는 시카고대학교 부총장이었던 윌리엄 벤턴William Benton이 다시 브리태니커를 인수했고, 비영리재단인 벤턴 재단에 회사를 유산으로 남겼다.

1990년 브리태니커의 매출은 6억 5000만 달러에 달했고, 200년 이상의 역사를 자랑하며 승승장구했다. 하지만 CD롬CD-ROM의 등장으로 브리태니커의 매출은 급락하기 시작한다. 당시 브리태니커 백과사전의 가격은 1,550~2,000달러였다. 그런데 CD롬 백과사전은 가격이 50~70달러에 불과했기 때문이다. 클레이튼 크리스텐슨Clayton Christensen이 《성공 기업의 딜레마》에서 말했던 파괴적 혁신이 일어난 것이다. 이런 변화에 브리태니커는 저가의 CD롬 백과사전을 경쟁자로 생각하지 않았다. 하지만 매출이 계속 하락하면서 결국 CD롬 백과사전을 만들었다. 고가의 브리태니커 백과사전을 구매하면 사은품으로 CD롬을 주기 위해서였다. 그러나 이 전략은 실패로 돌아가면서 브리태니커는 결국 1995년 12월 스위스 투자자 야콥 자프라Jacob Safra의 투자그룹에 매각하기로 결정한다. 이후 브리태니커 백과사전은 2012년 244년 만에 인쇄본의 생산을 중단한다.

브리태니커가 외부 환경 변화를 인지하지 못한 것은 아니었다. 다만 그 가치를 과소평가했을 뿐이다. 특히 PC, 인터넷 등 IT 기술의 발달 같은 외부 환경 변화로 경쟁의 논리가 바뀌었는데도 기존의 영업망과 기존 제품의 개선에만 중점을 두다가 사람들의 뇌리에서 사라졌다. 지금 사람들은 구글, 네이버 등의 검색 사이트를 통해 모든 정보를 검색한다. 과거에는 브리태니커 백과사전의 품질이나 신뢰성이 중요한 가치로 여겨졌다. 하지만 지금은 어떤가? 빠른 검색, 간략한 내용이 중시되어 백과사전의 가치는 사람들 마음속에 자리잡지 못했다. 국내에도 두산세계대백과사전이 있었고 CD롬으로도 만들어졌다. 하지만 CD롬도 사라지고 지금은 두피디아라는 사이트만 존재하며 네이버 지식인에 콘텐츠를 제공하고 있다.

코로나19 이후 무너진 100년 역사를 자랑한 J.C.페니와 200년 역사를 자랑한 브리태니커의 몰락은 사실 시기만 다를 뿐 큰 차이가 없다. 코로나19가 아니더라도 J.C.페니가 영위하는 오프라인 유통업은 꾸준히 하락세를 걸을 수밖에 없었다. 브리태니커도 CD롬에 1차 타격을 받았지만, CD롬이 아니더라도 인터넷의 발달로 결국 무너질 수밖에 없는 상황이었다. 단지 시간 문제였다. 그래서 지금 우리 주변에서는 '사전'을 찾아볼 수 없다. 모든 지식이 인터넷이란 블랙홀로 들어가 버렸기 때문이다.

코로나19는 단순히 급격한 변화에 대응해야 한다고 말하지 않는다. 근본적으로 기존에 가지고 있던 사고방식을 바꾸는 노력이 필요하다. 기존의 사고를 가지고 환경 변화에 대응하면 점진적 개선을 하는 존속적인 혁신은 가능하겠지만, 결국은 파괴적 혁신에 무너지기 때문이다. 코로나19 전에도 이미 많은 상품과 서비스가 IT 기술의 발달로 무너졌다. 눈에 보이는 파급효과가 코로나19보다 클 뿐이다. 대표적으로 우리가 일상에서 볼 수 있었던 거치형 내비게이션은 이제 찾아보기 어렵다. 스마트폰에 설치되어 있는 내비게이션 앱을 사용하면 되기 때문이다.

정리하면 J.C.페니나 브리태니커 백과사전이 무너진 것도 결국 기존의 사고방식을 유지하면서 사업을 혁신해가려 했기 때문이다. 우수한 인재가 없어서도 아니고 변화를 인지하지 못한 것도 아니다. 다만 그 변화의 중요성과 파급효과를 과소평가했을 뿐이다. 기존에 보유하고 있던 역량에 조금 더 집중했을 뿐이다. 이런 내부 역량에만 집중하면 변화관리가 어려워진다. 변화관리 전문가 존 코터John Kotter 교수는 무사안일주의의 특징을 가진 사람들은 외부보다 내부에 집중한다고 말한다.

지금은 짐 콜린스Jim Collins의 《좋은 기업을 넘어 위대한 기업으로》에 제시된 '위대한' 기업들도 무너지는 시대다. 그 기업들도 한때는 잘나가는 기업이었다. 그런데 그렇게 된 이유는 무엇일까? 짐 콜린스는 성공에 대한 자만심과 위기에 대한 과소평가로 위대한 기업이 무너졌다고 말한다. 기존의 성공방정식으로 위기를 넘어설 수 있다는 생각이 몰락의 길로 들어서게 만든 것이다.

런던 비즈니스 스쿨의 도널드 설Donald Sull 교수는 이런 현상을 능동적 타성active inertia이라고 부른다. 기업이 변화에 대응은 하지만, 그 대응이 실질적 효과가 없는 기존의 틀 안에서 이루어지는 것을 말한다. 시장은 새로운 패러다임의 물결 속에 있는데도 말이다. 알베르 카뮈의 《페스트》에는 전염병이란 재앙에 대응하기 위한 민간 봉사대를 모집하는 상황이 나온다. 그런데 페스트라는 거대한 전염병에 맞서 새로운 방법을 생각해야 하는데, 그렇지 않고 평소 하던 대로 한다. 거대한 변화에 맞서 '새로운 상상력'이 필요한데도 말이다.

이제는 기존의 틀로 위기에 대응해서는 변화의 물결에 올라탈 수 없다. 코로나19 이전과 이후로 시대를 구분하는 것처럼 말이다. 상시적인 위기 속에서는 기존의 틀을 버리고 새로운 틀로 대응해야 한다. 코로나19로 바뀐 우리의 삶은 이전과는 너무도 다르다. 엘리베이터와 지하철에는 항균필름이 부착되어 있고, 사람들이 대중교통을 이용하기 위해서는 무조건 마스크를 써야 한다. 직장은 또 어떤가? 재택·원격근무가 활성화되면서 회의실에서의 미팅은 사라지고 노트북을 통해 원격으로 화상회의를 진행한다. 점심 때는 가급적 사람이 많은 시간을 피해 식사하고, 가끔씩 하던 회식은 사라진 지 오래다. 코로나19라는 전염병은 이제 사람들에게 너무나 익숙한 존재가 되어버렸다. 확진자 수는 감소했지만 우리는 언제 어떻게 또 확산될지도 모르는 바이러스와 싸우고 있다. 이 상황에서 비즈니스도 기존의 사고로는 지금의 현실에 대응할 수 없다.

이 책은 큰 틀에서는 코로나19가 삶에 어떤 영향을 미쳤는지 살펴본다. 그런데 어떤 변화가 일어났는지를 넘어서 그것이 비즈니스에는 어떻게 영향을 주고 있는지를 국내외 사례를 통해 제시한다. 특히 디지털 비즈니스 라이프에 초점을 맞춘다. 코로나19가 사람들을 집 밖으로 나갈 수 없게 만든 이 상황이 라이프스타일에 어떻게 영향을 미치고 있고, 디지털 기술과 결합되어 어떤 트렌드를 만들어내고 있는지를 집중적으로 검토한다.

책은 크게 여섯 개의 장으로 구성되어 있다. 1장은 코로나19가 바이러스가 아닌 비즈니스 관점에서 어떤 의미를 가지는 것일까라는 질문을 안고 시작한다. 코로나19라는 그 누구도 예측하지 못한 위기가 사람들의 라이프스타일을 변화시켰는데 그것이 어떤 의미를 가지는지 알아본다. 가능한 서로 접촉하지 않는 언택트 untact 한 환경 속에 숨은 비즈니스 인사이트를 찾아본다.

코로나19 이후 국내외 수많은 사람들이 포스트 코로나 시대의 트렌드를 제시했다. 이 트렌드는 개인을 넘어 국가, 전 세계까지 다양한 수준으로 다루고 있다. 또 정치, 경제, 사회, 문화, 기술 등 다양한 분야에 걸쳐 있다. 이 책은 개인 수준에서의 라이프스타일

변화에 중점을 두고 있다. 그래서 크게 홈 블랙홀, 핑거 클릭, 취향 콘텐츠, 생산성 포커스라는 변화의 키워드를 제시했다. 이 변화의 키워드는 기존에 부상하고 있던 변화가 코로나19로 가속화된 것들이다. 코로나19가 가속페달 역할을 했다고 볼 수 있다.

2장은 홈 블랙홀Home black hole에 관한 것이다. 우리는 평소에 집을 그저 마음 편히 쉴 수 있는 장소로만 생각했다. 그런데 그 집이 얼마나 스마트한지를 분석한다. 기술 관점에서의 '스마트'가 아닌 라이프스타일 관점에서 다양한 활동을 할 수 있는 새로운 공간으로써 재탄생한 집의 '스마트화'를 말한다. 우리는 코로나19를 지난 몇 개월 동안 겪어왔고, 앞으로도 겪을 것이다. 이 바이러스로 인해 우리가 집에서 했거나 집을 기반으로 이뤄진 많은 활동을 살펴본다. 집에서의 무료함을 달래준 유튜브, 넷플릭스 같은 동영상 플랫폼, 집밥의 고통을 해소해 준 가정간편식, 집에 격리되면서 나타난 고립감과 외로움을 극복하기 위한 마음관리, 집에서 할 수 있는 홈트 등이다. 이 모든 것이 우리가 집이 있기에 할 수 있었던 활동들이다. 더불어 비즈니스 측면에서 '집'이 어떤 의미가 있는지 분석한다.

3장은 핑거 클릭Finger click으로 디지털 퍼스트Digital first를 다룬다. 디지털로 할 수 없는 것은 없다. 모든 것이 디지털을 통해 이루어진다. 과거처럼 특정 연령대만 디지털 활동에 참여하지 않는다. 이런 현상에 기초해 우리는 디지털로 무엇을 하고, 거시적으로는 산업에 어떤 영향을 미쳤는지 살펴본다. 한창 인기가 있던 공유경제의 몰락, 이미지 중심의 이커머스가 아닌 영상 중심의 라이브 커머스, 학교를 가지 못하는 상황에서의 대체 수단인 홈스쿨링, 기존부터 진행되어온 디지털 러닝의 변화, 마지막으로 원격의료와 연관된 디지털 치료제까지 다룬다. 나아가 코로나19가 온라인 중심의 사회를 만들었는데, 그 안에서의 변화와 의미를 살펴본다. 이미 우리는 온라인 사회로 진입했다. 하지만 온라인의 파급효과나 그로 인해 나타난 변화를 속속들이 알지는 못했다. 이 장에서는 겉으로 보이는 온라인의 변화를 넘어 그 변화의 숨은 의미가 무엇인지 분석한다.

4장은 취향 콘텐츠에 관해 이야기한다. 다양한 국내외 자료를 검토했지만 취향에 관해 다룬 것은 손에 꼽을 정도다. "당신의 취향은 무엇입니까?"라는 질문을 던졌을 때, 우리는 자신의 성향을 생각한다. 사전적 의미로 취향은 '하고 싶은 마음이 생기는 방향. 또는 그런 경향'을 말한다. 그런 면에서 보면 취향이 다루는 범위는 넓다. 이미 취향은 밀레니얼 세대와 Z세대의 부상과 함께 우리 곁에 다가와 있다. 어떤 사람은 '개인화'에 초점을 두지만, 이를 다른 면에서 바라보면 '취향'에 관한 것으로 볼 수 있다. 단편적으로 보면, 덕후나 팬덤도 결국 취향의 발현이다. 또 모든 기업에서 항상 강조하는 개인 맞춤형도 한편으론 '고객의 취향'을 찾아 제품과 서비스에 적용해 가는 과정이다. 특히 디지털 셀렉트, 구독, 팬덤,

인플루언서 등의 키워드를 중심으로 취향 콘텐츠를 다룬다. 코로나19가 사람들로 하여금 왜 취향에 관심을 가지게 했는지부터 나의 취향은 무엇인지도 생각해본다.

5장은 생산성에 관한 내용이다. 코로나19가 기업에 던진 메시지 중 하나는 '생산성'이다. 코로나19로 기업에서 가장 많이 언급되는 단어는 재택·원격근무이다. 이것의 본질은 일하는 방식의 혁신이다. 더 깊이 들어가면, 그 혁신은 단순히 방식의 문제를 넘어 생산성과 성과에 초점을 맞추고 있다. 무인화, 로봇은 어떤가? 이것도 결국은 서비스의 전달 방법이 바뀌었을 뿐 핵심은 생산성이다. 사무자동화와 스마트팩토리도 디지털 기술의 발달에 대응하기 위한 생산성 제고 작업의 일환이다. 이 책에서는 생산성과 관련해 인공지능, 언택트 솔루션, 로봇 등이 기업에 어떤 변화를 가져오고 있는지 살펴본다.

마지막으로 6장에서는 지금까지 이야기한 디지털 라이프의 비즈니스 인사이트를 실행하는 데 있어 어떤 전략이 필요한지를 제시했다. '언택트'가 사람들의 삶에 많은 영향을 미치고 있다는 것은 누구나 알고 있다. 또 일시적으로 끝나는 것이 아닌 지속될 것이라고 생각한다. 그렇다면 언택트 비즈니스 실행에 있어 핵심은 무엇일까? 기존에 디지털 전환을 위한 다양한 전략이 제시되어 있다. 이 책에서는 코로나19의 불확실성, 언택트라는 특성에 맞춰 디지털 라이프 비즈니스 실행에 있어 리더십, 데이터, 고객 경험,

생산성, 조직문화가 갖는 전략적 의미를 살펴본다. 불확실한 환경 속에서 리더가 가져야 할 핵심 역량이 무엇이고, 디지털 퍼스트로 대변되는 이 사회에서 데이터와 고객 경험을 위해 우리가 무엇을 해야 하는지 제시한다. 마지막으로 이를 지원하기 위한 생산성과 조직문화는 어떻게 관리해야 하는가를 말한다.

이 책은 코로나19가 전 세계로 확산되는 것을 보면서 '우리가 지금 준비해야 할 것은 무엇인가'라는 문제의식 속에서 탄생했다. 모든 책이 그렇듯이 코로나19라는 거대한 현상을 짧은 기간 안에 파악한다는 것은 현실적인 어려움이 있다. 하지만 그 어려움을 가능한 최소화하기 위해 다양한 국내외 자료를 검토했다. 프롤로그를 쓰고 출간이 얼마 남지 않은 지금 이 순간에도 코로나19가 만들어낼 또 다른 세상은 무엇인지를 고민하며 책을 보완했다. 지금까지 국내외적으로 코로나19와 관련해 바이러스, 정치·경제, 사회·문화 측면에서 검토한 책은 많이 출간되었다. 하지만 '디지털 라이프 비즈니스'란 주제를 심도 있게 다룬 책은 없었다. 그래서 가능한 모든 자료를 세심하게 검토하면서 정보의 정확성을 넘어 우리가 지금 마주하고 있는 현실이 비즈니스 관점에서 어떤 의미가 있는지를 담아내려고 했다.

혼란 속에는 항상 새로운 의미들이 담겨져 있다. 이 책이 그 안에서 새로운 의미를 알려주는 책이 되길 바라는 마음이다. 마지막으로 포스트 코로나 시대를 우리가 어떻게 바라봐야 하는지에 관해 간단히 설명하며 본격적으로 이야기를 시작하려 한다.

코로나19라는 위기는 기회의 또 다른 이름이다. 지금까지 위기는 누군가에게는 공포였지만 또 다른 누군가에는 기회였다. 기회와 위기는 상반된 의미를 갖는 단어가 아니다. 핵심은 내가 위기의 포지션에 서는가, 아니면 기회의 포지션에 서는가이다. 그것은 이 책을 읽는 여러분이 결정하는 것이다. 능동적 타성에 빠져 위기의 포지션에 선다면, 미래는 더욱 불확실해질 것이다. J.C.페니나 브리태니커 백과사전처럼 말이다. 하지만 기존의 틀을 깨부수고 기회의 포지션에 선다면, 미래는 불확실성 속에서도 밝을 것이다. 우리가 지금 보고 있는 넷플릭스나 아마존처럼 말이다. 지금부터 불확실성이란 파도를 즐겁게 탈 수 있는 방법을 찾아 떠나보자.

2020년 5월

박경수

CONTENTS

PART 1
검은 백조가
불러온
언택트 시대

검은 백조는 언제나
출현할 수 있다

UNTACT

검은 백조가 불러온
언택트 시대

검은 백조는 언제나 출현할 수 있다

PART 1

대전환과 대변동,
더 이상 '대'는 없다

　　중국 우한발 코로나19는 전 세계를 강타했다. 발생 초기만 해도 중국 내에서 끝날 것만 같던 전염병이었다. 하지만 중국 후베이성을 중심으로 빠르게 확산되면서 예상치도 못하게 바이러스는 전 세계를 한순간에 공포로 몰아넣었다. 중국, 한국, 이란, 이탈리아, 스페인, 미국 등 코로나19는 세계를 돌며 수많은 사람을 격리시키고 사망에 이르게 했다.

　　WHO는 2020년 1월 코로나19를 국제적 공중보건 비상사태로 선포했다. 이는 가장 심각한 전염병의 경우에만 사용하는데, 2009년 신종 플루부터 2020년 코로나19까지 여섯 차례 선포됐다. 이후 사태가 더 심각해지자 WHO는 지난 3월에 팬데믹pandemic을 선언

했다. 지금까지도 코로나19는 국제적 공중보건 비상사태로 남아 있다.

전 세계 코로나19 확진자 수는 2020년 5월 18일 기준, 490만 명에 육박하며 사망자 수는 약 32만 명에 달한다. 한국 또한 대구와 경북을 중심으로 확진자가 급증하면서 정부는 지난 2월 23일 국가 전염병 위기 단계를 최고 수준인 '심각'으로 격상했다. 한국의 누적 확진자 수는 만 명을 넘어섰다.

세계는 코로나19에 의한 직접적인 타격, 전염병 확산 억제를 위한 정책에 따른 타격, 사람들의 기대 심리 하락에 의한 타격을 받았다. 김용범 기획재정부 제1차관은 "과거 위기와 달리 코로나19 사태는 공급-수요 측 충격, 실물-금융 부문 타격이 동시에 발생하는 복합위기"라고 밝혔다. 경제에 대한 이런 직간접적인 타격보다 더 무서운 것은 2차 확산이다. 과거 스페인 독감은 총 세 차례에 걸쳐 발생했다. 1918년 봄, 1918년 9월~1919년 1월, 1919년 2~12월. 국가 간의 교류가 활발한 지금은 언제 어떻게 2차 확산이 일어날지 모르는 상황이다.

코로나19는 월가 투자전문가인 나심 니콜라스 탈레브Nassim Nicholas Taleb가 말한 검은 백조Black Swan다. 지금까지 분명 없었다고 생각했던 검은 백조가 나타나 세계를 혼란에 휩싸이게 했다. 우리의 상식을 벗어난 극단적인 사례다. 하지만 단지 어느 누구도 경험하지 못해 검은 백조가 된 것뿐이다. 이 검은 백조 한 마리로 국가 간의 이동은 제한되고, 한 국가 내에서도 집을 벗어나지 못하는 유례없는 상황이 발생했다. 더욱이 중국을 탈출해 전 세계로 뻗어나간 코로나19는 기업이 이 예측불가능한 위기에 어떻게 대응해야 할지 모르게 만들었다.

다른 나라로 여행할 때 느끼는 문화충격보다 심한 변화가 우리 앞에 펼쳐지고 있는 것이다. 지금 우리는 앨빈 토플러 Alvin Toffler 가 1980년대에 언급한 '미래 쇼크'에 직면하고 있다. 그는 《미래 쇼크》라는 책에서 "미래가 앞당겨 도래함으로써 일어나는 현기증 나는 방향감각의 상실"을 미래 쇼크라고 정의하면서 사람들이 이에 대응할 준비를 하지 않고 있다고 했다. 코로나 쇼크라 표현할 수 있는 지금의 상황은 도무지 어디로 가야 할지 알 수 없는, 방향상실에 처하게 만들었다.

이코노미스트 인텔리전스 유닛 Economist Intelligence Unit 은 코로나 19 위기에 대한 기업의 임원 대상으로 3개월 후 전망에 대한 글로벌 비즈니스 바로미터 Global Business Barometer 를 발표했는데, -39점 이었다. 이 지수는 가장 비관적 점수가 -50점, 가장 낙관적 점수가 +50점이다. 코로나19가 얼마나 불확실한 미래를 만들고 있는지 알 수 있다.

그렇지 않아도 디지털 대전환, 대격변, 대변동 등처럼 우리 주변에는 너무나 많은 변화의 물결이 일렁이고 있었다. 4차 산업혁명은 사람들에게 도대체 제3의 물결은 알겠는데, 이건 뭐지라는 생각을 하게 했다. 이것뿐인가? 디지털 전환은 이와 함께 나타나 '이건 또 어떻게 해야 하는 거야.'라는 불평을 하게 만들었다. 계속되는 변화 속에 사람들은 이제 변화의 대응에 지쳐가고 있다.

그나마 이런 변화들은 과거부터 조금씩 신호를 보내고 있었고, 어느 정도 예견된 것이었다. IT 기술의 발전 속도가 빨라지면서 좀 더 빨리 사람들에게 다다른 것뿐이었다. 이러한 변화에 따른 위기는 우리가 조금만 신경 쓰면 알아챌 수 있고 빠르게 대응할 수 있다. 미셸 부커Michele Wucker는 이런 예견된 위기를 '회색 코뿔소'라 부른다. "당연히 알아채야 하지만, 자주 놓치는 위험 혹은 보고서도 못 본 척하는 위험"이다. 세계정책연구소 소장인 그가 2013년 다보스 포럼에서 제시한 용어다.

예컨대 기후변화에 따른 지구온난화는 이미 수십 년 전부터 나오는 이야기다. 그럼에도 불구하고 이에 적극적인 대응을 하지 않는다. 또 고령화는 어떤가? 고령화로 인해 예상되는 노동인구의 감소, 젊은 세대의 부양비 증가 등 다수의 위험 요소들이 있다. 하지만 이런 보이는 위험에 대해 언급은 해도, 구체적인 계획을 가지고 대응하지는 않는다. 이런 것들이 전부 회색 코뿔소이다. 이는 우리가 이미 알고 있고, 몰라도 조금만 관심을 가지면 이러한 것들이 장기적으로 큰 위기를 불러온다는 것을 파악할 수 있다. 다만 우리는 이를 우선순위에서 자꾸 미뤄둘 뿐이다.

그런데 코로나19는 어떤가? 중국의 한 시장에서 발생했다고 추정되는 이 바이러스가 중국을 넘어 세계로 뻗어나갈지 누가 알았겠는가? 그보다 더, 이런 바이러스 자체가 발생할 거라고 누가 생각했겠는가? 코로나19는 국가나 기업의 대응과제에는 존재하지도 않는다. 다른 과제와 비교해 우선순위를 정할 수도 없다. 그래서 아무리 미래 예측을 잘한다고 하더라도, 바이러스에 의해 경제가 붕괴되는 현상이 일어날 수 있다고 생각하는 건 불가능하다.

그래서 검은 백조는 회색 코뿔소를 차버리고 스스로 국가와 기업의 우선순위에 자리잡았다. 어쩌면 이런 검은 백조는 계속 출현할 것이다. 전 세계 경제전문가들은 V자형 경제회복은 어려울

스우시형 경기회복 형태를 보였던 2008년 글로벌 금융위기

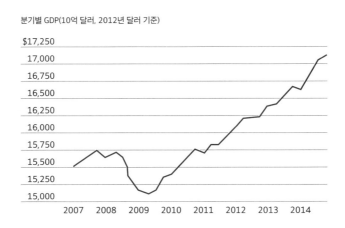

분기별 GDP(10억 달러, 2012년 달러 기준)

© 〈Wall Street Journal〉, "Defying Coronavirus Shutdown Orders: Forecasting a 'Swoosh-Shaped' Recovery", 2020.05.11.

것으로 보고 있다. 〈월스트리트저널Wall Street Journal〉은 경제 회복이 V자형, U자형, 스우시Swoosh형, Z자형, W자형, L자형 중 나이키의 상징인 스우시 로고 형태를 보일 것이라고 전망한다. V자형, U자형보다 더딘 경기회복 형태를 보인다는 것이다. 물론 이 전망도 빗나갈 수 있다. 코로나19는 치료제가 개발되지 않는 한, 우리의 일상과 같이할 수밖에 없는 상황이기 때문이다.

코로나19 이후, 이제 우리에게 대변혁 같은 더 이상의 대大는 없다. 우리는 이미 거대한 변화 속에 있고 이는 일상이 되고 있기 때문이다. 잠시 변화의 소용돌이 속에 있는 것이 아니다. 매일 큰 변화를 맞이하고 있다. 이제 우리는 항상 위기 속에서 살 수밖에 없는 상황에 있다. 그렇다면 방법은 한 가지다. 이런 위기에 상시적으로 대응할 수 있는 준비를 하는 것이다. 저 멀리서 달려오는 회색 코뿔소만 보지 말고, 갑자기 어디선가 튀어나올 수 있는 검은 백조에 집중해야 할 때이다.

회색 코뿔소는 우리가 의지만 있다면, 간과하지만 않는다면 대응할 수 있지만, 검은 백조는 불가능하기 때문이다. 나심 니콜라스 탈레브는 그의 저서《블랙 스완》에서 "우리는 극단의 왕국에 속하는 문제를 다루면서도 이것이 평범의 왕국에 속한 것인 양 다룬다."고 말했다. 이제 우리가 살고 있는 세상은 누구나 생각할 수 있는 그저 평범한 세상이 아니다. 앞으로의 변화는 누구도 예측하기 쉽지 않다. 과거에 이런 일이 발생했을 때는 이렇게 대응했으니 이번에도 이렇게 하면 될 것이란 예측은 틀리기 쉽다. 또 이런 일은 절대로 일어날 수 없다, 라는 생각 또한 마찬가지다. 검은 백조는 언제나 출현할 수 있다는 사실을 기억하며 변화가 일상이 된 미래를 대비하는 것이 필요하다.

코로나19 이후의 삶,
넥스트 노멀

"세계는 코로나 이전(BC, Before Corona)과
코로나 이후(AC, After Corona)로 나뉠 것이다."

-토머스 프리드먼Thomas Friedman, 〈뉴욕타임스〉칼럼니스트

국내외 연구기관뿐만 아니라 전 세계 전문가들은 세상을 코로나19 이전과 이후로 구분한다. 그만큼 코로나19가 우리의 삶에 큰 영향을 미쳤다는 것을 방증한다. 코로나19는 "위기란 무엇인가?"부터 시작해 "미래 사회는 어떤 모습일 것인가?"까지 많은 생각을 하게 했다. 다른 한편으로 위기 속에 협력, 공조, 연대라는 키워드가 우리 사회에 자리잡으며 앞으로 전 지구적인 문제를 어떻게 해결해야 하는지도 고심하게 했다.

코로나19 이후의 삶은 분명 불확실성이 더욱 커질 것이다. 이런 불확실성은 미래 예측을 어렵게 만든다. 그렇다고 미래를 예측하려는 노력을 하지 않으면 어떻게 될까? 앞만 보고 달려갈 것이 뻔하다. 미래 예측은 결과보다 과정이 중요하다. 코로나19 같은 전염병이 인적이 드문 곳에서 발생해 일주일 만에 전국적으로 확산되고, 한 달 만에 전 세계로 퍼져나간다는 상상을 해보자. 어떤 생각이 드는가? 만약 이런 상상을 '그냥 그럴 수도 있지.'라고 생각한다면 우리는 코로나19 같은 검은 백조가 다시 나타나도 지금과 똑같은 상황에 처할 것이다. 올바른 위기 대응을 위해서는 너무나도 뻔하지만 '그러면 어떻게 해야 하지?'라는 사고를 해야 한다.

WHO의 긴급준비대응 사무차장은 "이 바이러스가 우리 지역 사회에서 또 다른 '엔데믹endemic'이 되어 절대 사라지지 않을 수도 있다."고 말했다. 또 하버드대학교 연구진은 코로나19가 2024년 말까지 재발 가능성이 있어 간헐적 거리두기가 필요하다고 주장했다. 분명한 건 코로나19라는 위기가 잠시 잘 대처했다고 사라지는 것은 아니라는 것이다. 우리는 코로나19가 경기를 침체시켜 교육, 의료, 금융, 정치 등의 분야에 어떤 영향을 미치는지 생각해야 한다. 이런 영향이 궁극적으로 삶의 어떤 변화를 이끌어낼지, 이에 따라 부상하거나 쇠퇴하는 비즈니스가 무엇인지 찾아야 한다. 이런 위기 속에서도 성장하는 비즈니스는 존재하기 때문이다.

이를 위해서는 앞서 알베르 카뮈의 《페스트》에서처럼 상상력이 필요하다. 상상력은 우리가 미래를 볼 때, 생각할 수 없는 미래에 중점을 둔다. 미래는 생각할 수 있는 것과 생각할 수 없는 것으로 구분이 가능한데, 생각할 수 없는 미래에 중점을 둬야 남들이 보지 못하는 비즈니스 인사이트를 파악할 수 있다. 누군가는 이렇게 말할 수도 있다. 생각할 수 없는 미래를 어떻게 생각할 수 있단 말인가? 그렇다. 사실 전문가들도 생각할 수 없는 미래를 예측하지 못한다. 톰 왓슨Tom Waston은 1943년에 "내 생각에, 전 세계적으로 대형 컴퓨터 시장은 아마 다섯 대면 충분할 것이다."라고 했고, 빌 게이츠는 1961년에 "640킬로바이트면 누구에게나 충분할 것이다."라고 했다. 상상력을 발휘해 미래를 예측한다는 건 정말 어려운 일임에 틀림없다.

그럼에도 코로나19 같은 전염병에 대처하기 위해서는 생각할 수 없는 미래를 고민해야 한다. 생각할 수 없는 미래란 무엇일까? 가장 단순하게 생각해보면 이런 것이다. 만약 전 세계 사람들이 마실 물이 없다면? 급격한 인구증가로 공기의 질이 나빠져 더 이상 숨을 쉴 수 없는 환경이 된다면? 거대한 운석이 지구에 떨어져 지상의 모든 것이 파괴된다면? 이런 상상들은 코로나19처럼 예측 불가능한 상황을 만든다. 이런 가정을 통해 우리는 비즈니스가 미래에 어떻게 바뀔 것인지에 관한 힌트를 획득할 수 있다. 물이 없다면 물을 대체할 식품을 찾아볼 수 있고, 인간의 몸 자체에 물이 필요 없도록 만드는 솔루션을 생각해볼 수도 있을 것이다. 이

것이 맞는지 틀리는지가 중요한 게 아니다. 생각을 전환할 수 있게 해주는 과정이 중요하다.

우리는 이 과정을 통해 코로나19라는 사태가 재발할 경우, 위기에 빠르게 대처할 수 있는 민첩성을 확보할 수 있다. 굳이 과거 영국의 석유화학 기업 쉘Shell이 시나리오 플래닝을 통해 오일 쇼크를 잘 극복할 수 있었다는 사실을 언급할 필요도 없다.

전문가들은 코로나 이전과 이후의 삶의 양식이 다를 것이라고 말한다. '넥스트 노멀next normal'의 등장이다. 글로벌 컨설팅사 맥킨지Mckinsey는 코로나19 이후의 새로운 경제질서를 '넥스트 노멀'로 정의하며 이를 위한 다섯 단계를 제시했다. 해결resolve, 회복resilience, 복귀return, 재구상re-imagination, 개혁reform이다. 이제 우리는 이 단계를 거치며 새로운 세상으로 나아갈 것이다. "과거에는 이랬어."라는 말은 의미가 없어질 것이다. 유사한 바이러스가 언제든지 발생할 수 있기 때문이다. 유발 하라리Yuval Noah Harari는 〈파이낸셜타임스Financial Times〉에서 코로나19 이후의 세계에 대해 이렇게 말한다.

"다양한 대안 중 하나를 선택해야 할 때, 우리는 '당면한 위협을 어떻게 극복할 것인가'뿐만 아니라 '한 번 폭풍이 휩쓸고 지나가면 어떤 세상에 살 것인가'를 자문해봐야 한다. 그렇다. 폭풍은 지나갈 것이고 인류는 살아남을 것이다. 우리 대부분은 여전히 살아 있을 것이지만 이전과는 다른 세상에 살게 될 것이다."

이제 비즈니스에서도 코로나19 이후를 고민해야 할 때이다. 디지털 퍼스트라는 구호가 아니라 그 디지털 비즈니스 속에 숨어 있는 인사이트가 무엇인지 파악하는 게 필요하다. 더 나아가 코로나19로 바뀐 사람들의 라이프스타일이 비즈니스에는 어떻게 영향을 미칠지도 살펴봐야 한다. 언택트가 중심이 된 우리 삶 속에 어떤 디지털 라이프 비즈니스 인사이트가 있는지 지금부터 찾아보자. 그게 코로나19 이후 우리가 해야 할 일이다.

언택트에 숨겨진
디지털 비즈니스 인사이트

코로나19는 4차 산업혁명만큼이나 거대한 전환의 시발점이다. 사람들은 코로나19가 경제와 사회에 어떤 영향을 미치는지 빠르게 분석하고 제시했다. 경기 침체가 언제까지 지속될까? 경제는 반등할 수 있을까? 한다면 어떤 형태를 보일까? 포스트 코로나 시대 기업은 어떻게 대처해야 할까? 환경문제는 코로나19에 어떤 영향을 미쳤을까? 역으로 코로나19는 환경에 어떤 영향을 미쳤을까? 사람들은 현재 진행 중인 위기를 보며 현 상황을 진단하고 미래를 예측하기 시작했다.

나는 이런 거대한 흐름 속에 한 발 더 들어가 코로나19가 우리의 일상에 어떤 변화를 가져왔는지, 그 속에 숨은 디지털 라이프의 비즈니스 인사이트가 무엇인지 분석했다. 이미 사람들은 디지털 라이프에 익숙해져 있지만, 그 익숙함 속에서도 어떤 낯선 변화가 있었는지 찾아보고자 했다. 이를 위해 포스트 코로나에 대한 다양한 분석을 검토했다. 국내 주요 기관에서 어떤 전망을 했는지 보자.

KOTRA는 포스트 코로나19 중국 유망 상품과 서비스를 'H.O. M.E.'이란 키워드로 정의했다. 이 단어는 헬스케어Health-care, 온라인Online, 무인화Manless, 홈코노미Economy at Home의 약자이다. 사람들은 코로나19의 강력한 전염성 때문에 건강에 관심을 가지면서 사람과의 접촉을 피하기 위해 무인 서비스를 활용했다. 또 집에서 모든 활동이 이루어지면서 강력한 비대면 채널인 온라인을 활용해 삶을 이어갔다. 코로나19에 있어 대면을 피할 수 있으면서도 친밀한 관계에서는 대면할 수 있는 홈, 즉 집은 좋은 피난처였다.

전국경제인연합회는 2020년 4월 국내 주요 증권사 리서치센터장, 벤처캐피탈 대표 등을 대상으로 한 조사결과를 바탕으로 포스트 코로나 시대 유망 산업으로 'T.E.C.H.N.O.L.O.G.Y.'를 제시했다. 이는 교통 및 모빌리티Transport & mobility, 에듀테크Edu-tech, 클라우드Cloud, 헬스케어Healthcare, 네트워크Network, 온오프라인 결합O2O, 물류·유통Logistics, 제조기술Operational tech, 녹색산업Green industry, 콘텐츠YOLO Biz를 가리킨다. 특히 YOLOYou Only Live Once Biz는 개인의 다양한 욕구를 충족시키는 콘텐츠를 뜻한다.

또 다른 기관은 어떻게 생각하고 있을까? 현대차증권 리서치센터는 'T.H.E.D' 패러다임을 제시했다. 먼저 T^Tele-X는 원격으로 진행되는 모든 활동을 말한다. 원격의료, 온라인 교육 및 쇼핑 등이다. 모든 서비스의 비대면화는 코로나19 대유행에 따른 가장 근본적인 변화이다. H^Having behavior는 개인 소유 경제로의 회귀를 말한다. 최근 몇 년간 공유경제가 부상했는데, 코로나19로 이 흐름이 끊긴다는 것이다. 사람들은 대중교통보다는 개인교통, 공간 공유에서 공간 소유, 같이 먹는 식문화에서 따로 먹는 식문화 등 공유문화의 해체가 시작되는 것이다. E^Egocentric consumption는 타인의 시선보다는 '나'에게 집중하는 문화의 확산이다. 마지막으로 D^Decentralization는 중앙 중심 시스템의 해체이다. 거대 도시의 기능 약화와 해체를 뜻한다.

한국과학기술기획평가원은 코로나19 이후 한국 사회 주요 환경 변화를 비대면 사회로의 전환, 바이오헬스 시장의 도전과 기회, 위험대응 일상화, 자국 중심주의 강화로 요약했다. 특히 헬스케어, 교육, 교통, 물류, 제조, 환경, 문화, 정보보안 등 8대 영역과 관련한 유망 기술 25개를 제시했다. 디지털 라이프 측면의 변화를 살펴보면, 홈코노미 촉진, 무인 서비스 확대, OTT^Over The Top 서비스의 확산, 공유경제 위축 등으로 나타났다. 이런 변화는 AI, AR/VR, 로봇, 자율주행 기술과 관련되어 있다.

8대 영역별 변화동인

8대 영역	변화동인
헬스케어	- 원격의료: 병원에 가지 않고도 의사의 진단과 처방이 가능 - AI가 진단·모니터링
교육	- 에듀테크: 초실감 체험형·몰입형 학습, 양방향 맞춤형 교육 - 온라인 개학에 따른 원격교육 인프라 확충
교통	- 개인 교통, 초소형 이동수단 - 공유교통 → 개인교통, 교통수요 관리
물류	- 원격경제 활성화로 폭증할 물류의 신속하고 정확한 처리와 관리 중요 - 자동화·최적화된 유통망을 통한 비대면·비접촉 배송서비스
제조	- 글로벌 공급망 위험 회피를 위한 지역 공급망 구축 및 리쇼어링 - 제조공장 및 장비의 스마트화(인공지능, 디지털, 유연화 등), 원격작동 및 관리
환경	- 신종 감염병·질병 출현 및 환경오염 심화 등 인간-동물-환경 상호작용 - 의료폐기물 발생, 언택트 경제로 인한 편리한 일회용품 사용 증가
문화	- 홈코노미·싱글이코노미로 홈엔터테인먼트 소비 증가 - 실감·커뮤니케이션형 콘텐츠 기술, 저작권 보호, 위변조 대응 기술
정보보안	- 화상회의, 온라인 교육, 재택근무 등 비대면 서비스 증가 - 비대면 금융거래 증가에 따른 생체 인증

© 과학기술정보통신부

대흥기획은 홈 다이닝을 위한 가정간편식, 멀티홈, 멘탈케어의 확산, 온택트Ontact, 로봇 경제의 부상, 로컬 비즈니스 각광, 코리아 프리미엄 효과를 코로나19 이후의 트렌드로 제시했다. 언론에서는 포스트 코로나 시대를 어떻게 전망했을까? 〈문화일보〉는 "포스트 코로나19 시대"의 19가지 "뉴 트렌드"를 제시했다. 크게

"더 커진 국가의 역할, 지구촌 삶의 대전환, 글로벌 파워의 재편, 언택트 문화 일상화" 등 네 개의 변화를 제시했다. 디지털 라이프 비즈니스와 직접적인 관련이 있는 언택트 문화의 일상화에 대해 살펴보면 홈루덴스, 원격교육, 비대면 산업, 스마트 오피스, 콘서트 앳 홈, 전문가의 귀환 등이 있다.

이처럼 코로나19 이후의 삶은 다양하게 펼쳐질 것이다. 나는 코로나19로 인한 일상을 되돌아보면서, 앞서 제시한 자료 외에 국내외 언론 보도자료, 코로나19와 관련한 보고서 등을 검토했다. 이를 토대로 언택트 시대 디지털 라이프 비즈니스 인사이트로 홈 블랙홀, 핑거 클릭, 취향 콘텐츠, 생산성 포커스를 도출했다.

1. **홈 블랙홀:** 홈을 중심으로 모든 것이 이루어지는 스마트화
2. **핑거 클릭:** 오프라인에서 온라인으로의 급격한 전환과 디지털 라이프의 진화
3. **취향 콘텐츠:** '취향'을 중심으로 이합집산하는 라이프스타일의 발달
4. **생산성 포커스:** 비대면 중심의 기업 활동으로 인해 생산성 이슈가 부상

이러한 디지털 인사이트는 다음 그림처럼 도식화할 수 있다. 국내 주요 기관의 분석 내용 중, 구체적인 기술이나 광범위한 산업, 디지털 라이프와 직접적인 연관성이 부족한 아이템은 디지털 라이프 비즈니스를 이해하는 데 어려움이 있어 제외했다. 세부 아이템들은 네 가지 인사이트에 중복된 것이 많다. 특히 홈 블랙홀

과 핑거 클릭은 언택트 시대 디지털 라이프의 기본 바탕이 되기 때문이다.

디지털 라이프 비즈니스 인사이트 지도

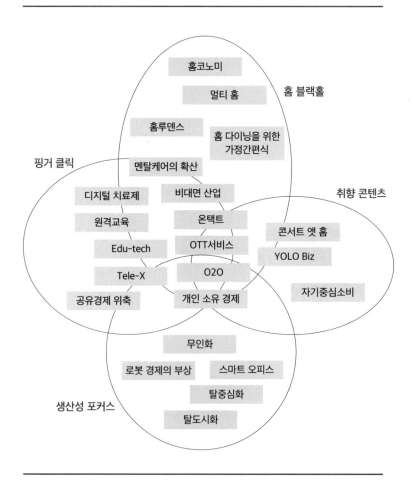

하나씩 살펴보자. 홈 블랙홀은 코로나19로 사람들이 전염병에 대한 사전예방, 사회적 거리두기 때문에 모든 활동에 있어 집이 중심이 되는 상황이다. 평소에는 가끔 외식도 했지만 지금은 모든 식사를 집에서 해결하고, IPTV의 VOD를 보거나 넷플릭스를 이용하면서 극장에 가지 못하는 아쉬움을 달랬다. 게다가 운동도 밖에서는 어려워서 가능한 집에서 동영상을 보거나 운동기구를 사서 혼자 한다. 정부에서는 일시적으로 원격의료도 허용해주어 집에서 진료를 받아볼 수 있었다. 집에서의 이런 활동은 DIY제품처럼 모든 것을 스스로하게 만들었다. 초기에 이런 활동은 '잠시 멈춤'의 효과를 보였다. 오랜만에 가족들과 식사도 하고 이야기도 하면서 영화를 볼 수 있었다. 하지만 코로나19가 장기화될수록 마음은 불안해지고 답답함이 심해지며 우울감이 찾아왔다.

블랙홀처럼 모든 활동을 집 안으로 끌어들인 코로나19는 핑거 클릭과도 연계된다. 핑거 클릭은 언택트로 오프라인에서의 모든 활동이 중단되면서 우리가 선택할 수 있는 대안은 모바일과 온라인밖에 없는 상황을 말한다. 코로나19 전에도 온라인은 이미 대세 중의 대세였다. 젊은 층은 모바일로 음식을 배달시키고, 다이어트 코칭도 받으며 교육도 온라인으로 수강했다. 때에 따라서는 요리에 필요한 재료를 주문하기도 했다. 스마트폰을 가지고 원하는 것을 클릭만 하면 모든 것이 이루어졌다. 코로나19 이후 온라인 중심의 삶은 젊은 층뿐만 아니라 노년층으로 확대되면서 전 세대에 걸쳐 활성화되었다. 이러한 급격한 성장은 오프라인을 침몰시키기에 충분해보였다.

홈 블랙홀과 핑거 클릭이 코로나19 시대 디지털 라이프의 바탕이 되는 키워드였다면, 취향 콘텐츠는 그것을 기반으로 활동하는 키워드다. 이 키워드는 개인, 즉 '나'에 초점이 맞춰져 있다. 2019년 개최된 세계경제포럼의 화두는 세계화4 Globalization4였는데 핵심 주체는 개인이었다. 세계화1이 제국주의, 세계화2는 국가 주도, 세계화3은 기업 주도였다면, 이제는 개인이 주도하는 시대가 된 것이다. 세계화4에서 개인은 소프트웨어와 디지털을 활용해 자신의 취향에 맞는 서비스를 마음껏 즐길 수 있었다.

이 시대에 취향이 '유별나다', '이상하다'라는 것은 없다. 그저 한 개인이 좋아하면 그만일 뿐이다. 남들의 평가는 중요하지 않다. 밀레니얼 세대와 Z세대는 이런 기술 인프라 속에서 오직 자신에게만 집중하며 자신만을 위한 서비스를 찾기 시작했다. 특히 코로나19는 바쁘게 변하는 삶 속에 자신을 돌보지 못한 현대인에게 자신을 돌아볼 귀한 시간을 만들어주었다. 앞서 본 자기 중심 소비 패러다임이다. 2013년 〈타임스Time〉는 현재의 세대를 '미 제너레이션Me Generation'으로 표현했다. '너'가 아닌 '나'를 중시하는 사람들에게 있어 취향은 그 무엇보다 중요한 가치다.

사람들은 자신을 드러내기 위한 서비스를 이용하고 콘텐츠를 소비한다. 대중적인 서비스보다 남들이 하지 않는, 나만 알고 있

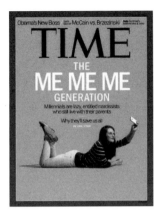

〈타임스〉 2013년 표지 © 〈Time〉

는, 나를 위한 서비스를 찾고 이를 다른 사람들과 공유한다. 코로나19 이전의 세계가 누군가의 삶에 집중한 시기였다면, 코로나19 이후에는 나에게 집중하며 나와 관련된 다양한 질문에 답할 수 있는 서비스의 소비 시대이다. 이렇게 개인이 중시되면서 집과 온라인을 바탕으로 인플루언서가 만들어졌고, 이들은 모든 산업 분야에 막강한 영향력을 행사했다. 특히 유튜브 세대인 10~20대에게 많은 영향을 미쳤다.

　마지막 생산성 포커스는 이제 '대면이 필요하다.'란 인식이 깨진 상황에서 생산성의 중요성을 강조한다. 재택·원격근무는 물리적 거리만 떨어트렸을 뿐 실질적인 거리를 좁히지 않았다. 이 상황에서 중요한 건 눈앞의 일하는 모습이 아닌 눈앞에 없더라도 가시적인 성과를 보여주는 것이다. 상사에게 중요한 건 업무를 향한 팀원의 열정과 노력도 있지만 그것보다는 높은 생산성이다. 상사 또한 기존의 팀원 관리에 대한 인식을 버리고 어떻게 팀의 생산성과 성과를 창출할 수 있을지 고민해야 할 때다. 줄일 건 줄이고 늘릴 건 늘리는 선택이 필요하다. 특히 멀리 떨어져 있는 구성원을 하나로 만들 수 있는 조직문화를 어떻게 구축할 것인지 생각해야 한다. 이는 생산성으로 연결될 수 있기 때문이다. 또 이런 생산성에 있어 무인화와 로봇은 위기 속 기업이 나아가야 할 방향을 알려줬다. 더 나아가 무인화와 로봇은 결국 서비스의 본질에만 집중하게 하는 역할도 했다. 글로벌 IT 기업들이 무인화와 로봇 서비스에 있어 고객 경험을 강조하는 것도 결국 생산성과 성과에 집중하기 때문이다.

지금까지 언급한 디지털 라이프 비즈니스 인사이트를 정리해 보면 기반 시설과 기술은 홈 블랙홀과 핑거 클릭, 개인의 자기표현에 집중하는 취향 콘텐츠, 오직 성과로만 보여줘야 하는 생산성 포커스이다. 집은 때론 즐겁고 때론 슬픈, 복합적인 감정의 장소인데 이로 인해 다양한 비즈니스가 창출되는 장소이기도 하다. 사물인터넷이 부상하면서 스마트홈이 이슈화되었는데, 이제 이 홈은 단순히 기술이 적용되고 활용되는 스마트홈이 아닌, 많은 것을 자유롭게 할 수 있는 '홈스마트'의 구현 장소다. 우리는 이곳에서 매슬로우Maslow가 욕구5단계에서 말한 생리적 욕구나 안전의 욕구를 해결하기도 하고 소속(애정)의 욕구를 풀기도 한다. 더 나아가 자기존중과 자아실현의 욕구를 해소시킬 수도 있다. 포스트 코로나 시대는 홈코노미가 모든 경제의 주축이 될 것이다. 그리고 그 중심에는 '내'가 있다. 가정뿐 아니라 일에서도 말이다.

홈 블랙홀

돌밥돌밥

가정간편식

카우치
포테이토

코로나 블루

빈지왓칭

OTT

집콕

마음챙김

코드네버

홈루덴스

랜선라이프

홈스마트

홈트

홈 셀프

홈 블랙홀

홈루덴스, 스마트홈이 아닌 홈스마트 시대를 열다

PART 2

언택트 비즈니스 인사이트: 홈 블랙홀

홈 블랙홀과 관련된 비즈니스는 고객이 가장 편한 장소로 여기는 집에서 일어난다. 이것은 다른 장소에서 일어나는 서비스보다 고객의 라이프스타일과 취향에 맞는 서비스가 필요하다는 것을 의미한다.

OTT 서비스 및 여가 활동
- 넷플릭스, 왓챠플레이 등 영화, 드라마의 콘텐츠를 제공하는 OTT 서비스
- 고객의 세부적인 취향 파악을 통한 개인 맞춤형 서비스
- 클라우드 게임, 랜선 콘서트

가정간편식
- 집에서 간단히 조리해 먹을 수 있는 식품
- 집에서 쉽게 먹을 수 없는 이색 메뉴, 야식 메뉴, 프리미엄 제품 개발

마음관리 서비스
- 요가, 명상, 힐링 음악 등의 마음관리 콘텐츠
- 집에서 쉽게 따라할 수 있는 체계적인 마음관리 프로그램

홈트
- 다이어트, 건강관리를 위한 홈 트레이닝 서비스
- 시간, 장소에 관계없이 이용 가능한 개인 맞춤 프리미엄 서비스
- 온라인 콘텐츠 제공과 오프라인 맞춤 트레이닝 서비스

홈 라이프
- 홈카페, 홈가드닝, 홈퍼니싱 등을 위한 셀프 제품과 키트
- 여성을 타깃으로 집에서 소확행을 즐길 수 있는 제품 및 서비스
- 가사노동을 줄일 수 있는 생활가전 제품

카우치 포테이토,
언택트 시대의 혁신 페르소나

집하면 가장 먼저 떠오르는 것은 무엇일까? 내겐 휴식이다. 회사를 가든, 여행을 가든 집에 들어서면 아늑함이 느껴지고, 뭔지 모를 마음의 평화가 찾아온다. 그러나 이제 집은 휴식의 공간을 뛰어넘어 모든 것을 가능하게 하는 공간이 되었다.

IT 기술이 발달하면서 스마트홈이란 단어가 생겨났고, 집 안의 모든 것을 최첨단 기술로 무장해 집은 스마트홈의 전장이 되었다. 여기서 핵심은 '스마트'였다. 집 안의 모든 활동은 센서로 인식되고 센서를 통해 수집된 데이터는 다양한 가전기기와 연결되어 내가 원하는 것을 말하지 않아도 알아서 움직였다. 그래서 스마트홈은 산업에서 중요한 이슈였다.

하지만 스마트가 강조되던 스마트홈에서 이제는 '홈'에 방점이 찍혔다. "집의 역할은 무엇인가?"라는 질문을 던지게 되었고, 사람들은 평소 집에 대해 생각하지 못했던 것들을 다시금 생각하게 되었다. 잠만 자던 장소였던 집이 이제는 모든 활동이 이루어질 수 있는 공간으로 전환되고 있는 것이다.

나는 이러한 변화를 보면서 가장 먼저 카우치 포테이토couch potato가 생각났다. 소파에 누워서 감자칩을 먹으며 TV를 보는 사람 말이다. 이는 어쩌면 우리가 가장 고민해야 할 혁신의 원천이다. 카우치 포테이토는 지금과 같은 시대에는 홈루덴스라는 고품격 용어로 불릴 수 있는 대상이다. '홈루덴스'는 홈과 놀이를 뜻하는 루덴스ludens가 합쳐진 신조어로 집에서 모든 것을 즐기려는 사람을 뜻한다. 언택트 시대에는 카우치 포테이토가 단순히 집에 있는 사람이 아닌 집에서 자신이 원하는 삶을 즐기는 사람의 표본일 수 있다.

사람들은 이제 카우치 포테이토처럼 집에서 TV를 즐기며 TV는 친구 같은 존재가 되었다. TV를 통해 세상이 어떻게 돌아가는지 알 수 있고, 자신이 좋아하는 드라마, 예능 프로그램 등을 보며 자신만의 취향을 즐긴다. 이것뿐인가? 지금의 TV는 정말 스마트해져서 원하는 콘텐츠를 수시로 볼 수 있고, 나의 취향에 맞는 콘텐츠를 추천받을 수도 있다. 그래서일까? 사람들 사이에는 넷플릭스가 자주 언급된다. 지상파, 종합편성채널뿐만 아니라 새로운 콘텐츠를 즐기길 원하기 때문이다. 넷플릭스의 2020년 1분기 매출과 영업이익은 급증했다(매출은 27%, 영업이익은 108%나 증가했다). 집콕생활이 사람들의 삶에 어떤 영향을 주었는지 간접적으로 알 수 있다. 생각해보자. 매일 보던 TV 프로그램을 VOD로 보는 것도 일정 시간이 지나면 한계에 다다른다. 그럴 때 생각나는 건 영화나 또 다른 콘텐츠이다. 그런 면에서 넷플릭스는 시대의 흐름에 부합한 서비스다. 이미 유명한 서비스였지만 이용 대상의 급격한 확대가 예상된다. 사실 알고 있으면서도 이용하지 않은 경우도 많기 때문이다.

TV 외에도 지금과 같은 언택트 시대에는 집에서 콘서트를 즐길 수도 있다. 유튜브에서는 랜선 K팝 축제, SK텔레콤의 음악플랫폼 플로FLO에서는 랜선 콘서트가 열린다. 특히 SM엔터테인먼트에서는 네이버와 제휴해 비욘드 라이브Beyond Live라는 AR 등의 IT 기술이 결합된 온라인 전용 유료 콘서트를 선보였다. 실제로 슈퍼주니어의 〈비욘드 더 슈퍼쇼Beyond the SUPER SHOW〉는 네이버 브이라이브V LIVE(글로벌 스타 라이브앱)를 통해 전 세계에 생중계됐다. 음악뿐인가? 유튜브 라이브 방송으로 〈방구석 북콘서트〉를 볼 수도 있다. 이외에도 통신사들이 제공하는 클라우드 게임을 집에서도 할 수 있다.

카우치 포테이토하면 또 생각나는 게 있다. 뚱뚱한 외모이다. 소파에 누워만 있다 보니 몸에 살이 붙는 것이다. 그래서 사람들은 집콕하는 동안 살이 찐 경우가 많았다. 집이 수백 평도 아니니 행동반경이 좁아 당연히 그렇게 될 수밖에 없는 것이다. 이럴 때 생각나는 건 홈트다. 홈home과 트레이닝training의 줄임말로 집에서 운동을 하는 것이다. 인터넷을 검색해보면 수많은 홈트 운동기구가 있다. 가장 대표적인 게 요가매트다. 피트니스 센터에서처럼 바닥에 뭔가 깔려 있어야 운동을 하기 때문이다. 윗몸 일으키기만 하려고 해도 그냥 맨바닥보다는 매트가 있으면 더 좋지 않은가?

이처럼 카우치 포테이토는 홈루덴스 전성시대에 가장 대표적인 페르소나이다. 만약 여러분이 향후 유망한 사업을 찾고자 한다면, 카우치 포테이토를 관찰해 어떤 생활습관이 있는지 살펴야 할 것이다. 그래야 고객이 가지고 있는 숨은 욕구가 무엇인지 발견할 수 있기 때문이다.

이제 집은 단순히 누워서 휴식만 취하는 장소가 아니다. 홈루덴스라는 용어에 맞게 무언가를 하는 장소가 되었다. 과거의 집돌이와 집순이와는 다르다. 충분한 구매력과 더불어 취향을 가지고 있다. 2018년 진행된 한 설문조사에 따르면, "스스로를 홈족으로 생각하고 있다."가 58%나 되었다. 이런 홈루덴스는 "영화·드라마 정주행, TV 시청, 휴식, 커피만들기·마시기(홈카페), 인터넷 쇼핑, 독서 등 다양한 활동을 한다."고 응답했다. 재미있는 사실은 앞으로 홈족이 더 늘어날 것이라고 예상한 사람이 75%나 되었다는 것이다. 2019년 진행된 또 다른 조사에서는 밀레니얼 세대의 72%가 자신을 홈루덴스족이라고 대답했다. 그 이유는 "집이 제일 편해서"가 79%로 나타났다.

이제 홈족, 홈루덴스, 홈코노미, 홈스케이프족 같은 '홈'이 대세인 세상이 다가오고 있다. 지금의 중장년층이 생각하던 과거의 게으른 집콕족이란 이미지는 사라지고 있다. 지금까지 이야기한 넷플릭스, 홈트 외에도 홈인테리어, 홈바, 홈술, 홈파티 등 우리가 말할 수 있는 홈 이야기는 더욱 다양해지고 있다. 특히 여성을 타깃으로 한 쉬she코노미가 부상할 것이다. 이에 따라 앞으로 소비의 주체와 구매의 핵심 의사결정자인 여성의 파워는 더욱 커질 것이다.

유튜브 코리아는 2020년 3월부터 〈#집에서함께해요〉라는 채널을 운영하고 있다. 이 캠페인은 정부의 사회적 거리두기 운동에 동참하면서 집에서 즐길 수 있는 콘텐츠를 소개하는 채널이다. 여기에는 "#집에서함께음악들어요, #집에서함께스포츠봐요, #집에서함께게임해요, #집에서함께힐링해요, #집에서함께청소해요, #집에서함께동물키워요, #집에서함께운동해요, #집에서함께혼자놀아요, #집에서함께영화봐요, #집에서함께리뷰해요, #집에서함께아이돌봐요, #집에서함께라이브봐요, #집에서함께요리해요" 등 세부 카테고리별로 다양한 동영상이 게재되어 있다.

이 유튜브 채널만 봐도 집에서 우리가 할 수 있는 것이 이렇게 많았나, 라는 생각이 들 정도이다. 이제 집은 잠만 자는 곳이 아닌 우리의 일상을 스마트하게 변화시켜줄 즐거운 장소이다. 우리는 이제 '스마트'홈이 아닌 '홈'스마트를 기억해야 한다. IT 기술에 집중한 스마트홈보다 집의 역할에 집중한 홈스마트가 포스트 코로나 시대의 핵심 비즈니스 콘셉트가 될 것이다. 혁신의 장場은 늘 그렇듯이 핵심 구매자의 라이프스타일에 좌우된다. 이제 홈루덴스에게 우리는 어떤 제안을 해야 할까? 아니, 어떤 제안을 할 수 있을까? 그 제안은 그들이 원하는 가치를 담고 있을까? 그들의 어떤 욕구를 해소시켜줄 수 있을까?

언택트 비즈니스: 홈스마트

◆ 랜선 콘서트
네이버(네이버 브이 라이브), SK텔레콤(플로), 유튜브 라이브(방구석 북콘서트)

◆ 클라우드 게임
LG유플러스, KT, SK텔레콤

동영상 플랫폼 전성시대,
코드네버와 빈지왓칭

영상은 한 번 빠지면 헤어 나오기 쉽지 않다. 유튜브를 시청하다 보면 관련 영상을 계속 보게 되고 그러다 보면 어느새 몇 시간이 흘러 있다. 강력한 동영상 플랫폼이 TV를 점점 침식시키고 있다. 집에서 사람들이 가장 많이 보는 것은 TV였고, 스마트폰과 패드의 대중화로 동영상은 TV의 인기를 이어받았다. 이제 누가 뭐라 해도 동영상 플랫폼 전성시대이다.

동영상하면 유튜브가 가장 먼저 떠오른다. 유튜브 이용자 수는 폭발적으로 증가해 수많은 유튜브 크리에이터를 만들어냈고, 그들은 TV 속 연예인 못지않은 팬덤을 보유하고 있다. JTBC의 〈랜선라이프〉라는 프로그램처럼 유튜브 크리에이터들은 TV 프로그램 영역에도 진입했다. 코로나19는 폭발적이었던 영상 플랫폼을 핵폭탄으로 만들었다. 유명 유튜버의 말 한 마디에 베스트셀러가 만들어졌다. 광고의 블랙홀처럼 그들이 소개하는 제품은 판매가 급증한다. 2019년 4월부터 2020년 3월까지 유튜브 동영상 플랫폼 앱 순이용자 수가 다른 플랫폼을 압도했다(유튜브 순이용자 수는 2020년 3월 기준 2887만 명이었다). 반면 네이버밴드, 인스타그램, 페이스북 등의 소셜 미디어 앱의 순이용자 수는 50% 수준이거나 그 이하였다.

이런 영상 플랫폼의 또 다른 대표 주자로 넷플릭스를 들 수 있다. 국내에는 왓챠플레이, SK텔레콤의 옥수수와 KBS, SBS, MBC 등 방송3사 연합 푹POOQ이 결합한 웨이브wavve, CJ ENM의 티빙tving 등이 있다. 넷플릭스는 1997년 설립 후, 비디오와 DVD 대여 사업을 하다 2007년 동영상 서비스를 시작했다. 글로벌 동영상 스트리밍 시장을 주도하고 있는 넷플릭스는 190여 개 국가에 서비스를 제공하고 있다. 국내에는 2016년 1월 진출했으며 2018년 LG유플러스와 IPTV 분야 제휴를 맺었다.

앱 분석업체 와이즈앱/와이즈리테일에 따르면, 넷플릭스의 월 결제금액은 2018년 3월 34억 원에서 2020년 3월 362억 원으로 열 배 가까이 성장한 것으로 추정된다. 이용자 수 또한 26만 명에서 272만 명으로 증가했다. 실제로 2019년 OTT앱 순이용자 수의 전년 대비 증가율은 유튜브가 7%인 반면, 넷플릭스는 292%이다.

시장 진입 초기라는 점을 고려하더라도 매우 높은 성장률이다. 2019년 11월부터 2020년 3월까지 OTT 이용자 수의 변화만 봐도 넷플릭스의 이용자 수 증가는 압도적이다. 그래서 넷플릭스와 콘텐츠 제휴를 맺은 스튜디오드래곤은 언택트 수혜주로 관심을 받았다.

넷플릭스는 영화나 드라마의 스트리밍 서비스뿐만 아니라 오리지널 콘텐츠를 제작해 사람들을 유혹한다. 〈킹덤〉, 〈범인은 바로 너!〉, 〈페르소나〉, 〈옥자〉, 〈첫사랑은 처음이라서〉 등의 한국 오리지널 콘텐츠는 넷플릭스만의 강점이다. 또 다른 강점으로는 이용자의 시청행태를 분석해 취향에 맞는 콘텐츠의 추천이다. 이런 강점은 사람들이 넷플릭스에 몰입하는 핵심 요인으로 작동한다. 2019 방송매체 이용행태 조사를 보면, 유튜브나 넷플릭스 같은 OTT 서비스의 이용 장소로는 주중(67%)과 주말(85%)에 상관없이 집이 가장 높은 비중을 차지했다. 여전히 집은 우리에게 편안한 장소인 것이다. 연령대별 OTT 이용률을 보면, 대부분 10~20대가 가장 높은 비중을 차지했으나 넷플릭스는 20~30대가 상대적으로 높았다. 연령대별 정액제 또는 유료 서비스 이용 비중은 20~30대가 가장 높은 것으로 나타났다. 하지만 10대도 40~50대만큼의 비중을 차지하고 있다. 이를 보면, 동영상 플랫폼에 있어 10~30대의 영향력이 매우 높다는 것을 알 수 있다. 특히 구매력이 낮을 것 같은 10대 또한 유료 동영상 서비스에서 높은 영향력을 가지고 있다. OTT 이용행태의 "그렇다"와 "매우 그렇다"의 비중을 보면, 전용 콘텐츠 시청은 40%에 달했다. 이는 독점 콘텐츠나 오리지널 콘텐츠가 중요하다는 것을 보여준다. 또 한 번 시청하면 중단 없이 시청, 다음 회(편) 추천 영상 시청에 대해서는 20% 이상으로 나타났다. 이 결과를 보면 콘텐츠를 몰아서 보는 빈지왓칭 binge watching 행태도 생각보다 높다는 것을 알 수 있다. 시간이 많지 않은 직장인의 경우 보고 싶었던 콘텐츠를 주말에 몰아서 보는 경우가 많기 때문이다.

동영상 플랫폼은 앞으로 더욱 강력해질 것이다. 새로운 세대가 몰려오고 있기 때문이다. 유료방송을 해지하고 OTT 서비스를 이용하는 코드커터에서, 유료방송을 이용하지 않고 OTT만 이용하는 코드리스, 유료방송을 이용해 본적이 없는 코드네버 세대가 다가오고 있다. 젊은 층과 일인 가구를 중심으로 이런 현상은 더 가속화될 것이다.

기업은 동영상이라는 강력한 플랫폼과의 경쟁에서 살아남기 위해, 결국 사람들에게 어떤 콘텐츠를 지속적으로 제공해 몰입하게 만들 것인지 고민해야 한다. 유튜브가 급성장하면서 크리에이터들의 콘텐츠가 유사해지고, 이로 인해 크리에이터 간의 경쟁은 더욱 치열해지고 있다. 좀 더 많은 사람들이 보게끔 하려면 결국 콘텐츠의 차별성 확보가 중요하다. 넷플릭스처럼 오리지널 콘텐츠가 필요하다. 앞서 언급한 SK텔레콤과 방송3사가 결합한 웨이브 또한 오리지널 콘텐츠 제작에 힘쓰고 있다. 한 발 더 나아가 사람들의 취향을 분석하고 이에 맞는 콘텐츠를 추천해주는 빅데이터 분석은 필수적이다. 다양한 각도에서 분석된 빅데이터는 서비스의 생존 가능성을 높여준다.

콘텐츠는 무료라는 인식은 점점 사라지고 있다. 앞으로 시장을 주도할 세대는 콘텐츠가 유료라는 인식을 가지고 있다. 앞선 조사결과에서 볼 수 있듯이 10대 또한 구매력이 낮지 않다. 이제는 그에 걸맞은 질 좋은 콘텐츠를 제공하는 것이 필요하다. 기존 방송 가입을 해지하고 인터넷 플랫폼으로 사람들이 이동하는 코드커팅의 시대, 어떻게 하면 사람들을 빈지왓칭하게 할 것인지 고민해야 할 때이다.

언택트 비즈니스: 코드네버와 빈지왓칭

◆ OTT 서비스
넷플릭스, 왓챠플레이, CJ ENM(tving), SK텔레콤·방송3사(wavve)

'돌밥돌밥'의 고통을 줄여주는 가정간편식의 급부상

　중국에서 코로나19 발생 기간 동안, 사람들이 가정에서 한 일에 대한 조사결과를 보면, 음식 준비가 단연 1순위다. 먹고 사는 문제가 가장 중요하기 때문이지만, 이 단순한 일상이 코로나19 사태 때에는 심각한 문제가 된다.

　코로나19로 가장 큰 고통을 겪은 사람 중 한 명은 주부다. 하루에 한 끼 정도만 하면 되었던 것이 집콕으로 삼시 세끼를 꼬박 해야만 하는 상황에 처한 것이다. 그 고통이 얼마나 큰지는 주부만이 안다. 그래서 '돌밥돌밥'이란 신조어까지 탄생했다. '돌아서면 밥 차리고, 돌아서면 또 밥 차린다'의 줄임말이다. 하루 세끼 밥을 차리니 얼마나 힘든가? 게다가 아침밥을 잘 먹지 않던 남편 또한

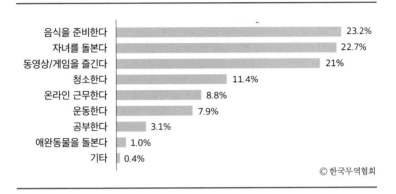

코로나19 방역 기간 중국 가정에서 주로 하는 활동(2020.01.)

활동	비율
음식을 준비한다	23.2%
자녀를 돌본다	22.7%
동영상/게임을 즐긴다	21%
청소한다	11.4%
온라인 근무한다	8.8%
운동한다	7.9%
공부한다	3.1%
애완동물을 돌본다	1.0%
기타	0.4%

© 한국무역협회

집콕을 하면서 밥을 먹기 시작한다. 이런 돌밥돌밥의 고통을 줄여주는 상품이 바로 가정간편식이다.

가정간편식은 3분 요리를 생각하면 된다. 3분 카레와 짜장의 음식 분야가 확대된 것이다. 완전 조리나 반조리 식품인 가정간편식은 포장만 뜯으면 바로 조리가 가능하기 때문에 주부들에게 인기다. 사골곰탕이 먹고 싶으면 마트에 가거나 인터넷으로 주문하면 된다. 과거 어머니처럼 집에서 반나절 동안 사골을 끓이지 않아도 된다. 주부들에게는 가히 혁신적이다.

가정간편식은 지금 말한 것처럼 3분 요리가 1세대였다. 2세대는 냉동만두 및 냉장식품, 3세대는 컵밥 및 국물요리다. 지금은 대형마트의 PB 상품이나 유명 셰프와 맛집의 콜라보레이션 제품 등의 4세대다. 굳이 집 밖을 나가지 않아도 내가 먹고 싶은 음식을 편하게 먹을 수 있는 시대가 왔다. 가정간편식의 종류는 시간이 흐를수록 더 다양해지고 고급화되고 있다. 이는 사람들이 가정간편식 구매를 촉진하는 요인으로 작동하며 식품 카테고리에서 그 비중을 급격히 확대하고 있다.

가정간편식은 맞벌이, 혼밥, 주 52시간 근무 등의 라이프스타일과 '밥 한 끼만은 제대로 먹어야 한다.'라는 가치관이 변하면서 부상하기 시작했다. 마트에 가면 가정간편식 코너가 크게 한 자리를 차지하고 있다. 홈쇼핑에서도 가정간편식은 인기 상품이 되었다.

이제 가정간편식은 아래 표에서처럼 식품, 유통업체들이 주요 시장에서 활동하고 있으며 CJ제일제당과 오뚜기가 주도하고 있

국내 가정간편식 주요 업체 현황

구분	기업	주력 브랜드	주요 품목	매출액	점유율
주요 식품 제조사	CJ제일제당	비비고/햇반/고메	냉동만두/한식류/미트볼	3289억 원	44.4%
	오뚜기	오뚜기	3분카레/컵밥/피자	2290억 원	30.9%
	동원F&B	양반/개성/쎈쿡	죽/즉석밥/냉동만두	492억 원	6.6%
	대상	휘슬링쿡/안주야	해외요리/안주류	224억 원	3.0%
	풀무원	생가득	볶음밥/냉장면/떡볶이	174억 원	2.3%
	농심	쿡탐	국·탕·찌개류/라볶이	111억 원	1.5%
유통업체	대형마트, 편의점 등	피코크(이마트) 유어스(GS리테일)	냉동밥/국·탕·찌개류/ 즉석섭취식품 등	427억 원	5.8%(PB)

ⓒ 융합금융처(2017년도 소매점 매출액 기준)

다. 이 외에 빙그레의 '헬로 빙그레', 한국야쿠르트의 '잇츠온'이 있다. 이미 많은 기업들이 가정간편식 시장에 뛰어들면서 시장의 경쟁은 심화되고 있다.

간편식 시장 규모는 2018년 2조 원대를 기록했으며 2020년에는 4조 원 규모의 시장으로 성장할 것으로 전망된다. 코로나19로 인한 사람들의 가정간편식 이용 급증과 경험자의 가정간편식 이용의 고착화 때문이다. 실제로 2017년 이후 간편식 키워드 검색 결과를 분석해보면, 기존의 즉석식품, 인스턴트 키워드 검색량을 추월하고 있다. 특히 2020년 3월에는 간편식 키워드 검색량이 정점에 달한 것으로 나타났다. 사람들에게 이제 가정간편식은 친숙한 상품으로 인식되고 있는 것으로 보인다.

CJ제일제당은 가정간편식의 트렌드로 세 가지를 제시했다. '가시비價時比', '4th Meal', 'BFYBetter for You'이다. 먼저, 가시비는 시간 가성비를 뜻한다. 지금의 사람들에게 시간은 금이기 때문이다. 집에서 음식을 만들어 먹는 시간을 줄여 다른 활동에 시간을 들이겠다는 생각이다. 바쁘게 돌아가는 일상이 이러한 트렌드를 만들어 냈다. 집 밖에서 먹는 맛집 음식은 한 시간 이상이라도 기다리면서 먹지만 집에서 먹는 음식은 맛보다 시간이 중요해졌다.

다음으로 4th Meal은 아침, 점심, 저녁 하루 세끼가 아닌 또 다른 끼니가 있다는 뜻이다. 어떤 것이 있을까? 바로 야식과 간식이다. 주 52시간 근무제는 야식문화를 확산시켰다. 게다가 일인 가구와 딩크족이 증가하면서 네 번째 식사는 더욱 확대되었다. 수시로 먹는 간식 역시 식사를 대체하고 있다. 가정간편식 같은 간단히 먹을 수 있는 다양한 프랜차이즈 분식집을 보면 사람들의 식생활이 많이 바뀌고 있다는 것을 새삼 느낀다.

마지막으로 BFY는 '나를 위한 균형 잡힌 한 끼'로 건강에 대한 사람들의 관심을 보여준다. 워라밸과 함께 '나'에 대한 가치를 중시하면서 이런 트렌드가 확산되고 있다. BFY의 대표 식품 소재는 단백질과 야채다. 비건vegan, 밀키트meal kit 등의 소비 트렌드가 이를 잘 보여준다. 질병 예방을 위한 건강기능식품에 대한 관심도 높아지고 있다. 이처럼 가정간편식은 사람들의 다양한 니즈에 부합하며 지속 성장이 전망된다. CJ제일제당이 코로나19 장기화 시, 식사 마련법 변화에 대한 설문조사결과에서도 "가정간편식이 늘어날 것 같다."라고 응답한 비중이 65%에 달했다. 이 수치는 "직접 조리가 늘어날 것 같다."고 응답한 비중이 77%라는 것과 비교했을 때 매우 높다.

자신 혹은 주변 사람의 하루 식사에서 가정간편식이 차지하는 비중을 살펴보면 가정간편식이 우리 일상에 얼마나 깊숙이 침투했는지를 쉽게 알 수 있다. 게다가 가정간편식은 점점 경쟁이 치열해지면서 가격도 저렴해지고, 맛도 깊어지고 있다. 가정간편식의 단점이 점점 줄어들고 있는 것이다.

가정간편식에 한 번 빠진 사람들은 집에서 가능하면 조리를 하려고 하지 않는다. 마트에서 장을 보는 것도 불편할뿐더러 집에서 먹는 밥의 가치가 낮아지고 있기 때문이다. 과거와 달리 '가족'이란 개념이 희미해지고 있고, '가족 = 밥'을 떠올렸던 세대와는 다른 세대가 몰려오고 있다. 이들에게 간편식은 집밥이자 요리이다. 그래서인지 어떤 때는 이런 가정간편식으로 한 끼를 때울 수 있을 정도이다. 간편식과 관련해 SNS에는 집밥, 간편요리, 홈쿡 등의 해시태크가 달려 있다. 중장년층에게 집밥은 여전히 조리하는 음식이 우세하겠지만, 앞으로 다가올 세대는 복잡한 요리보다 간편식을 선호한다. 편의점 음식으로 간단한 요리를 해먹는 프로그램도 있지 않았는가? 이제는 밥의 개념을 바꿔야 할 때이다.

언택트 비즈니스: 가정간편식

◆ 가정간편식
CJ제일제당, 오뚜기, 동원F&B, 대상, 풀무원, 농심, 이마트, GS리테일

코로나 블루,
외면과 내면의 밸런스를 찾다

　　사회적 거리두기는 코로나19 대응을 위한 핵심 활동이었다. 사람들은 오랜만에 장기간 집에 머물렀다. 그러다 보니 스트레스를 해소할 방법도 마땅치 않았다. 코로나 블루는 이런 상황을 잘 표현해주는 대표적인 단어이다. 코로나19와 우울증을 상징하는 블루가 합쳐진 이 신조어는 집에서의 생활이 어떤 느낌인지를 잘 보여준다. 집 이외의 외부 활동에 치우쳐진 삶에서 우린 내면보다 외면에 집중하는 삶을 살았다. 다른 사람과의 관계에 신경 쓰며 자신을 치장했다. 결국 내면을 돌볼 시간이 줄어 들었다. 치열한 경쟁 속에서 앞으로 나아가기도 벅찬 사회 구조에서 나의 마음은 중요치 않았다. 그러다 보니 우울증 환자가 급증하고 있는 것

우울증 환자 증가 추이

(단위: 명)

구분	2015	2016	2017	2018	2019
남	194,772	211,796	225,519	251,648	266,946
여	406,380	431,306	454,650	500,282	529,418
계	601,152	643,102	680,169	751,930	796,364

© 건강보험심사평가원

이 현실이다. 건강보험심사평가원 통계에 따르면, 우울증 환자는 2015년 60만 1,152명에서 2019년 약 79만 6,364명으로 증가했다. 5년 동안 32%나 증가했다. 더욱이 2019년 우울증 환자의 66%는 여성으로 나타났다.

2003년 사스SARS, 2015년 메르스MERS 등은 사람들의 정신건강에 부정적인 영향을 미쳤다. 코로나19는 어떨까? 경기연구원은 코로나19로 인한 국민 정신건강 실태조사를 실시했다. 그 결과 조사대상자의 약 48%가 "다소 또는 심각" 수준의 불안과 우울감을 느꼈다. 특히 코로나19의 스트레스 수준은 세월호 참사, 중증질환보다 높았다. 일상생활 지장 정도는 말할 것도 없었다. 이 결과는 한국트라우마스트레스학회의 코로나19 국민 정신건강 실태조사에서도 볼 수 있다. 국민의 19%가 중증도 이상의 불안 위험군, 17%는 중증도 이상의 우울 위험군으로 확인되었다.

지금 사람들에게 가장 필요한 것은 무엇일까? 바로 마음관리다. 밖으로 나갈 수도 없는 상황은 자신의 마음을 돌보는 일이 얼마나 중요한지 인식하는 계기가 되었다. 마음관리의 중요성에 대한 인식은 사람들 사이에서 조금씩 높아지고 있었는데, 코로나 사태는 이를 확산시키는 데 결정적인 역할을 하고 있다.

해외에는 명상, 심리상담 등의 수많은 마음관리 서비스 앱이 있다. 2천 개 이상의 앱이 있으니 사람들이 얼마나 자신의 내면관리에 힘쓰는지 알 수 있다. 가장 대표적인 앱은 캄Calm과 헤드스페이스Headspace이다. 헤드스페이스의 이용자 수는 3천만 명에 이르고 기업 가치는 1조 원에 달한다. 헤드스페이스의 공동 창업자 앤디 퍼디컴Andy Puddicombe의 《당신의 삶에 명상이 필요할 때》는 출간 즉시 베스트셀러 순위에 올랐다. 사람들의 이런 관심 속에 미국의 명상 산업은 2022년 20억 8000만 달러에 달할 것으로 전망된다.

국내에도 이런 명상 서비스 앱이 존재한다. 코끼리와 마보다. 코끼리는 혜민스님이 공동 창업한 스타트업 마음수업의 앱으로 명상을 비롯해 자신을 다스리는 방법과 관련한 콘텐츠를 제공한다. 마보는 7일 기초 훈련을 바탕으로 상황에 따른 명상 관련 콘텐츠를 제공한다. 가입자는 12만 명에 이른다. 특히 마보의 유정은 대표는 구글의 내면 검색 프로그램search inside yourself을 국내에 도입해 소개하고 있다. 랭키닷컴에 따르면 2020년 3월 기준, 국내 월 이용자 수는 코끼리, 캄, 마보 순으로 나타났다. 이런 앱들은 국내에서도 계속해서 출시되고 있다. 온라인 마음관리 앱 마인딩도 사

헤드스페이스 앱 ⓒ 구글플레이

람들의 자존감을 높이기 위한 프로그램을 제공한다.

명상 앱은 대부분 월 5,000원 이내의 유료 서비스이다. 유료 서비스임에도 이용자가 증가하고 있는 것은 사람들이 이제는 자신을 돌볼 때라는 생각을 점차 하고 있기 때문이다. 이미 주변에는 우리를 혼란케 하는 것투성이다. 사람들 간의 경쟁 심화, 급속한 산업의 발전, SNS로 인한 관계의 피로감, 이 모든 것으로 인해 나만 뒤처지고 있는 것은 아닌지 하는 불안감 등이 있다. 포스트 코로나 시대 사람들은 점점 "나는 누구인가?"라는 근본적인 질문을 던지게 될 것이다. 기존에는 내가 아닌 내가 일하는 곳, 내가 사업을 하고 있는 산업에 대해 "존재의 이유는 무엇인가?"라는 질문을 던졌지만, 이제는 '나'에 집중할 때이다.

실제 코로나가 잠잠해진 후, 사람들을 만나보면 일이 줄면서 자신에 대해 생각해보는 시간을 많이 가질 수 있었다고 말한다. 오랜만에 읽고 싶은 책도 읽고, 자신의 생활을 돌아봤다고 한다. 코로나19가 예측할 수 없는 환경을 우리에게 주었지만, 그로 인해 우리는 나 자신을 마주할 수 있는 시간을 가졌다. 이처럼 '잠시 멈춤의 시간'은 삶의 의미를 생각하게 했다. 미국의 싱귤래리티대학교 교수이자 미래학자인 넬 왓슨Nell Watson 또한 포스트 코로나 시대, 삶의 의미를 강조한다.

"소비자들은 실제 삶에서 정말로 중요한 것이 무엇인지 알게 됐다. 건강, 친구, 가족 그리고 '나에게 의미 있는 일'을 재발견했다. 코로나19가 잠잠해지면 본인이 정말 좋아하는 취미활동 등에 더 많은 돈을 쓸 것이다."

이제 우리는 마음관리나 존 카밧진Jon Kabat-Zinn이 말한 마음챙김에 힘써야 할 때이다. 명상이나 심리 시장은 앞으로 급격히 커질 것으로 보인다. 유튜브에는 이미 마음관리를 위한 〈요가소년〉, 〈마인드풀tv〉, 〈명상하는그녀〉 등의 채널이 있다. 또 '명상'이란 키워드로 검색만 하면 요가, 명상, 힐링 음악 등 다양한 콘텐츠가 나온다. 이 콘텐츠의 조회수는 우리가 생각하는 것 이상이다. 명상 음악은 조회수가 100만이 넘는다.

부의 양극화가 심화되고 있는 것처럼 사람들의 삶 또한 양극단으로 치닫고 있다. 한쪽에는 디지털 네이티브들이 다양한 스마트 디바이스를 통해 자신의 삶을 즐긴다. SNS에 나를 드러내고 이를 통해 나의 존재를 확인하며 다른 사람과 소통한다. 그들에게 이런 활동은 삶 그 자체이다. 특별한 이유가 없다. 반면 또 다른 쪽에서는 디지털 다이어트를 통해 외부의 소음을 차단하고 자신에게 집중하고 있다. 이제는 잠시 '쉼' 버튼을 누르려고 한다. 외부의 변화에 민감하다 보니 자신의 정체성에 혼란이 오자 '나를 찾아가는 여행'을 시작한다. 물론 이들 또한 디지털 디바이스를 통해 앞서 말한 서비스를 이용하지만 이것은 하나의 수단일 뿐이다.

코로나19를 계기로 자신을 되돌아볼 기회는 더 중요해질 것이다. 우리는 그동안 앞만 보고 달려왔다. 그래서 겉으로 보기에는 풍요로워졌지만 속은 무언가 부족한 채로 살아왔다. 코로나19 이후, 외면보다 내면을 중시하는 삶의 트렌드는 급증할 것이다. 이는 특별히 새로운 것이 아니다. 단지 몸과 마음의 균형을 찾아가는 과정일 뿐이다. 어쩌면 디지털 사회에서 더 인간다운 것을 찾아가는 새로운 여정일지 모른다.

┏━ 언택트 비즈니스: 마음관리 서비스 ━━━━

◆ 마음관리
   캄, 헤드스페이스, 코끼리, 마보

홈트,
집에서도 혼자 충분해!

지금은 능히 홈 라이프의 혁신이라고 부를 수 있을 만큼 집에서 많은 것을 할 수 있다. 앞에서도 살펴보았지만, 소비의 중심에는 집이 있다. 집을 중심으로 어떤 것들이 있는지 살펴보자. 가장 대표적인 게 홈트다. 홈트란 용어로 뉴스 검색을 해보면 대략 2015년부터 사용되었다. 그 전에는 미세먼지, 황사 등 대기오염으로 실내 운동이 선호되면서 홈트니스home+fitness라는 말이 가끔 언급되었다.

그렇다면 지금 홈트는 사람들에게 어느 정도나 언급될까? 홈트레이닝, 홈트 키워드 검색량 추이를 보면, 2016년 이후 꾸준히 상승하는 것을 볼 수 있다. 특히 2020년에 들어서는 검색량이 급

홈트레이닝, 홈트 키워드 검색량 추이

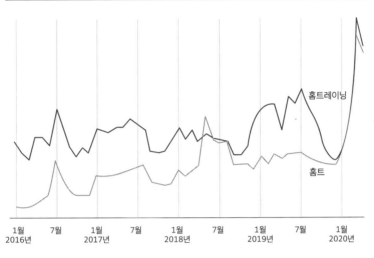

1월
2016년   7월   1월
2017년   7월   1월
2018년   7월   1월
2019년   7월   1월
2020년

© 네이버 데이터랩 분석 결과

격히 증가하였다. 코로나19가 홈트 확산에 큰 전환점이 된 것을 확인할 수 있다. 그만큼 집은 우리에게 다양한 활동의 공간이 되었다.

사실 바쁘게 살아가는 사람들에게 홈트는 꽤 유용하다. 사람들은 건강, 다이어트 등의 이유로 피트니스 센터를 다닌다. 하지만 시간이란 게 누구나 알듯이 변동성이 커서, 자신의 의지대로 되지 않는 때가 많다. 짧게는 삼 개월 길게는 일 년 정기권을 등록하더라도 한 달에 한 번 가는 경우가 드물다. 할인을 많이 받아 소중함을 몰라서이기도 하지만 그만큼 시간을 맞추는 게 쉽지 않아서다.

실제로 직장인 대상으로 유료 운동시설 이용 현황을 조사한 결과를 보면, 응답자의 71%가 피트니스 센터에서의 운동을 한 달 이내에 포기한다고 한다. 그 이유는 "업무 및 일상생활 일정이 불규칙해서"라는 응답 비중이 가장 높았다. 주 52시간 근무가 시행되고 있지만 운동을 정기적으로 한다는 건 여전히 어렵다. 이런 이유로 회사 근처, 집 근처, 밤에도 낮에도 장소와 시간에 구애받지 않고 운동을 할 수 있도록 도와주는 TLX PASS라는 서비스도 나왔다.

하지만 정기적인 운동에 대한 부담감은 쉽게 가시지 않는다. 그래서일까? TLX PASS는 최근 경영상의 어려움을 겪고 있어 인수합병을 적극 검토하고 있다고 공지했다. 그런 면에서 집에서 자신이 원하는 때에 할 수 있는 홈트는 사람들을 유혹할 만한 충분한 매력이 있다. SSG닷컴이 2020년 2월 1일부터 4월 12일까지 매출 데이터를 분석한 결과 스텝퍼(100%), 아령(92%), 워킹머신(75%), 실내 자전거(53%) 등 실내 운동 관련 제품들의 매출이 크게 늘었다.

최근에는 사람들이 유튜브, 코치를 활용해 특정 장소에 가지 않고 자기관리를 하는 데 몰두한다. 유튜브 채널에는 땅끄부부가 있다. 이 부부는 2015년 〈Thankyou BUBU〉라는 채널을 개설해 집에서 할 수 있는 운동을 알려주고 있다. 2020년 5월 기준 구독자가 212만 명에 달한다. "무. 조. 건! 뱃살 빠지는 운동 베스트5" 영상은 1400만 이상, "집에서 하는 유산소운동 다이어트(칼소폭)"는 1350만 이상의 조회수를 기록했다. 채널 전체 조회수는 2억 5천만 번 이상이다. 가히 폭발적이라 할 수 있다. 초기 유명세를 떨친 주원홈트보다 구독자나 조회수 면에서 압도적이다. 땅끄부부 채널의 '부부'와 '다이어트'라는 콘셉트가 한몫을 하기도 했지만, 사람들은 이제 비싼 돈을 주고 피트니스 센터에 가기보다는 집에서 손쉽게, 굳이 매일하지 않아도 조금씩 할 수 있는 운동을 선호하게 된 것이다. 그래서 앞서 말한 TLX PASS는 기존 피트니스 센터에서 서비스 혁신을 이뤘지만 지금은 위기를 겪고 있다.

이렇게 유튜브 영상을 통해 집에서 홈트를 할 수도 있지만 방문 코치를 통해 일대일 홈트를 해볼 수도 있다. 홈핏은 '헬스장보

지역	시/도	상세지역	

목적
- ☐ 다이어트 ☐ 근력향상 ☐ 스트레스해소
- ☐ 바른체형 ☐ 임산부 관리 ☐ 출산 후 관리
- ☐ 통증케어/기능회복

종목 ☐ 요가 ☐ 필라테스 ☐ 웨이트
☐ 통증케어

코치 성별 ☐ 남성 ☐ 여성

시간 월 화 수 목 금 토 일

홈핏 프로그램 ⓒ 홈핏

다 집이 더 편하니까'라는 콘셉트로 고객이 원하는 시간과 장소에 코치가 찾아가 일대일 트레이닝을 해준다. 다이어트, 임산부 관리, 통증케어 등 다양한 목적을 가진 사람들을 대상으로 정기운동, 단기효과 프로그램을 운영하고 있다. 이런 방문 코치 서비스는 혼자서 무리한 운동을 하다가 다친 사람들에게도 효과적일 수 있다.

방문하지 않고 비대면으로 관리를 해주는 서비스도 있다. 글로벌 스타트업 눔코리아에서 운영하는 눔 코치는 스마트폰을 통해 코치가 식단, 운동, 심리 측면에서 조언을 해주며 건강을 관리해준다. 눔코리아는 자신의 현재 상태와 목표에 대한 간단한 설문을 통해 자신의 목표를 어떻게 달성할 수 있을지에 대한 간단한 조언과 실제 사례를 제시해주기도 한다. 또한 "날씨, 시간, 장소에 상관없이 관리 받고 혼자서도 할 수 있는 습관을 만들어보세요." 라는 메시지를 강조한다. 이처럼 홈트는 포스트 코로나 시대에 더 관심을 받게 될 것이다.

홈트는 코로나19로 인한 변화를 가장 잘 말해주는 키워드이다. 이런 변화는 오프라인의 쇠퇴를 가져왔지만, 홈트 관련 서비스에서도 볼 수 있듯이 모든 게 온라인으로만 이루어지는 것에는 한계가 있다. 특히 동기부여가 필요한 일에는 대면이 필요할 수 있다. 단 과거처럼 많은 사람이 함께하는 서비스보다는 소규모나 일대일 중심의 프리미엄 서비스가 부상할 것으로 보인다. 오프라인과 온라인의 융합이 때론 필요한 것이다. 그 비중은 과거와 달라졌지만 말이다.

언택트 비즈니스: 홈트

◆ 홈트
   홈핏, 눔코리아

셀프 시대,
혼자 알아서 취향에 맞게!

코로나19로 인해 우리는 '나'에게 집중하고 있다. 밀레니얼 세대의 등장과 함께 '나'란 존재의 중요성은 높아졌는데 이제는 모든 세대가 '나'를 생각하고 있는 것이다. 게다가 집에 있으면서 혼자서 할 수 있는 것들은 가능한 혼자하게 되었다. 언택트 라이프스타일의 확산으로 타인이 집에 들어오는 것을 극도로 꺼려하게 되었기 때문이다.

이런 상황 때문에 집은 놀이터로 변화했다. 어릴 적 마음껏 놀수 있는 놀이터처럼 집은 호모루덴스를 위한 최적의 장소가 되었다. SNS상의 "#stayathome", "#stayathomechallenge" 등의 해시태그만 봐도 알 수 있다. 집에서 커피, 샌드위치, 와플, 쿠키 등을 만들어 먹고, 식물도 길러보고, 집 안 곳곳에 망가진 부분은 스스로 고쳐보기도 한다. 집에만 있다 보니 먹고 싶은 것을 먹지 못하고 맑은 날씨에도 나가지 못하니 집에서 이러한 활동을 하면서 만족을 느끼는 것이다.

위메프에 따르면, 코로나19 기간(2020.03.01.~2020.04.11.)에 커피머신, 와플메이커 같은 홈카페 제품의 판매가 늘었다고 한다. 커피머신은 248%, 와플메이커 237%, 빔 프로젝터, 블루투스 스피커 등의 홈 시네마 제품은 각각 392%, 52% 증가했다. 홈가드닝과 관련해서도 SSG닷컴(2020.02.01.~2020.04.12.)의 분석 결과를 보면, 배양토 등 토양의 매출은 173%, 허브 및 해바라기 등 씨앗류는 126% 늘어났다. 셀프 인테리어 제품 매출도 120% 증가했다. 이처럼 홈테인먼트 관련 제품은 코로나 이후 급증했다. 특히 SNS에서 인기를 끈 400번 저어 만드는 달고나 커피는 코로나19로 인해 만들어진 대표 제품이다. 영국 BBC 푸드 레시피 사이트에 달고나 커피가 소개되어 있을 정도다.

사람들은 집 밖으로 나갈 수 없는 고통을 집에서 다양한 활동을 통해 충족시키고 싶어했다. 마음을 달래기 위한 이런 활동과 함께 몸을 관리하기 위한 제품의 수요도 증가했다. 대표적인 것이 러닝머신과 안마의자이다. 이 제품들에 대한 렌트가 인기를 끌었다. 또 사람들은 집콕을 하면서 삼시 세끼를 모두 챙겨 먹다 보니 살이 쪄서 다이어트와 건강관리에 관심을 드러냈다. 단기간에 살이 확 쪘다는 '확찐자'라는 신조어가 이를 잘 말해준다.

집을 꾸미는 홈퍼니싱에 대한 관심도 높아졌다. 그래서 집을 꾸미는 DIY 관련 제품의 매출도 증가했다. 특히 평소 돌보지 못한 집을 정리하기 위한 셀프 정리·수납 용품의 수요도 증가했다. 이처럼 홈퍼니싱 시장 또한 코로나로 경기가 침체된 가운데 성장할 것으로 보인다. 통계청에 따르면, 홈퍼니싱 시장 규모는 2008년 7조 원에서 2015년 12조 5000억 원, 2023년 18조 원을 기록할 것으로 전망된다. 소확행, 워라밸은 이런 시장의 성장 동인이 되고 있다. 이런 사회문화 트렌드 때문인지 라이프스타일을 선도하는 이케아는 2020년 4월 교외가 아닌 도심에 백화점 매장을 선보였다. 현대백화점 천호점에서 '이케아 플래닝 스튜디오 천호'라는 매장을 열기도 했다.

이외에도 셀프 마사지기, 셀프 염색, 셀프 네일 케어, LED 마스크 같은 다양한 셀프 뷰티 케어가 사람들의 관심을 받고 있다. 헤어샵, 피부샵, 네일샵, 마사지샵 대신 집에서 스스로 해보는 것이다. 한 예로, 한 주의 피로를 마사지로 풀었던 사람들은 이제 셀프 마사지기를 구매하거나 안마의자를 렌탈하여 자신이 중시하는 가치를 다른 형태로 소비한다. 이처럼 집을 중심으로 한 다양한 셀프 제품이나 자기 관리 상품의 소비는 코로나19 이후에도 지속될 것으로 보인다.

셀프 전성시대는 집에서의 '활동'도 중요하지만 사람들이 자신이 가지고 있는 '취향'을 표현하는 계기가 된다. 집의 크기를 떠나서 내가 살고 있는 집이 내 취향이 반영된, 나만의 보금자리로 만들어졌으면 하는 마음이다. 그러한 집에서 건강하고 편하게 지내고 싶은 사람들의 마음이 셀프 뷰티 케어로 연결된다. 지금까지 본 셀프 제품과 서비스를 위해서는 한 가지 조건이 있다. 바로 시간적 여유다. 집에서 시간을 절약해주는 가전으로는 무엇이 있을까? 바로 의류관리기, 건조기, 식기세척기이다. 그래서 이 제품들에 대한 수요도 꾸준히 증가할 것이다.

장하준 교수는 《그들이 말하지 않는 23가지》에서 "인터넷보다 세탁기가 세상을 더 많이 바꿨다."라고 말했다. 코로나 시대에 우리가 생각해봐야 할 말이다. 사실 외부와의 연결 관점에서 보면 인터넷은 분명 세상을 바꾼 것이 맞지만, 세탁기가 오히려 우리 삶에 더 많은 영향을 끼쳤다는 것이다. 세탁기는 여성의 노동시간을 감소시켜 주었고 이로 인해 사회에 진출할 수 있는 기회를 마련해주었다. 언택트 시대 핵심은 집 안의 가전제품이 우리에게 시간적 여유를 주고, 취미생활을 누릴 수 있는 기회를 주었다는 것이다. 고된 가사노동이 없어야 취미를 즐겨도 재미가 있다.

의류관리기는 매일 셔츠를 세탁해야 하는 수고를 덜어주었다. 게다가 다림질할 필요도 없다. 건조기는 어린 자녀가 있는 집의 경우 하루에도 몇 번씩 세탁한 후, 건조대에 널고 걷어야 하는 시간을 절약해주었다. 식기세척기는 어떤가? 삼시 세끼 밥을 먹고 설거지를 하면 많은 시간이 소요되어, 밥을 차리고 나서 식사 후 식탁을 정리하고 나면, 다시 밥을 차릴 시간이 다가온다. 그런데 식기세척기가 있다면 설거지거리를 넣어 놓기만 하면 된다. 코로나 전에는 혼자 밥 먹는 경우가 많았지만, 코로나 이후에는 가족들과 같이 먹는 때가 많으니 설거지 양이 평소보다 많은 일이 잦은데 이때 식기세척기는 가사노동 시간을 대폭 줄여준다. 게다가 기름때가 묻은 그릇은 직접 닦는 것보다 더 깨끗하게 닦인다. 그래서 집콕의 시대에 이런 생활가전은 없어서는 안 될 필수품이 되었다.

이마트가 2020년 1월 20일부터 3월 19일까지의 매출을 분석한 결과, 식기세척기 매출은 전년 대비 950%가량 증가했다. 건조기는 26%, 의류관리기는 38%의 매출 증가를 보였다. 특히 이런 매출 증대는 단순히 가사노동 시간 측면에서뿐만 아니라 위생 소비 측면에서도 의미가 있다. '전염병'이란 단어가 사람들을 민감하게 만들었기 때문이다.

지금까지 본 홈 라이프의 전환은 가사노동의 자동화가 이루어 낸 결과이다. 매장, 생산시설 등의 자동화도 중요하지만 홈에서의 자동화는 일상의 혁신을 불러온다. 포스트 코로나 시대에 이와 같은 자동화는 더욱 가속화될 것이다. 한 번뿐인 인생을 즐겁게 보내려는 YOLO 라이프가 이를 이끌 것이기 때문이다. 즐겁고 후회 없는 삶을 살아가는 데 있어 가사노동의 '자동화'는 장하준 교수가 말한 것처럼 인터넷보다 더 큰 영향력을 발휘해 세상을 바꿀 것이다.
그리고 우리는 남는 시간에 나만의 홈 라이프를 즐길 것이다.

언택트 비즈니스: 홈 라이프

◆ 홈 셀프

텐바이텐, 이케아, 한샘, LG전자, 삼성전자

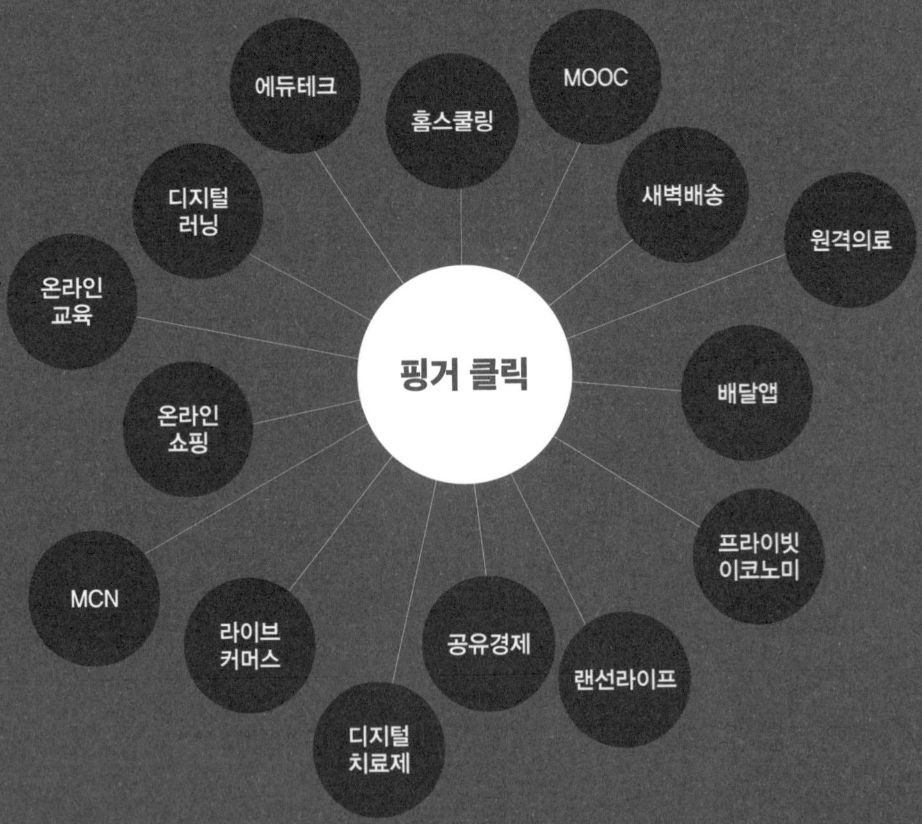

핑거 클릭
에듀테크
홈스쿨링
MOOC
새벽배송
원격의료
디지털 러닝
온라인 교육
온라인 쇼핑
배달앱
프라이빗 이코노미
MCN
라이브 커머스
공유경제
랜선라이프
디지털 치료제

핑거 클릭

디지털, 오프라인의 성을 무너뜨리다

P A R T   3

언택트 비즈니스 인사이트: 핑거 클릭

핑거 클릭은 온라인 기반 서비스를 나타낸다. 지금 우리 주변의 모든 서비스는 대부분 온라인 서비스를 바탕으로 한다. 해당 분야로는 커머스, 헬스케어, 교육 등 광범위하다.

온라인 서비스
– 배달의민족, 요기요 등 배달앱부터 쿠팡, 마켓컬리, 오아시스 등의 이커머스
– 원거리가 아닌 근거리 기반의 이커머스
– 플랫폼 성격에 따른 속도, 가격, 편의성, 킬러 제품 확보

공유경제
– 호텔·유통·외식 등 프라이빗 서비스, 퍼스널 모빌리티

라이브 커머스
– 셀렉티브, 톡딜라이브 등 실시간 영상 기반 이커머스
– 고객참여, 간결한 제품 설명, 쌍방향 커뮤니케이션을 통한 고객 몰입 및 경험의 극대화

원격의료
– 스마트폰 기반으로 우울증, 약물중독, ADHD 등을 치료
– 개인의 생체 및 활동 데이터 확보

홈스쿨링
– 스마트 디바이스를 활용한 교육 콘텐츠 제공 서비스
– 선생님과의 주기적 커뮤니케이션, 수준별 맞춤 콘텐츠 제공, 콘텐츠 몰입 기술 확보

온라인 교육
– 무크, 성인 교육 플랫폼 등 온라인 기반 교육 서비스
– 교육 프로그램의 세분화, 학습 동기 부여 방안 확보
– 코칭, 문제해결 기반 교육, 소그룹 및 일대일 맞춤 서비스

언택트,
디지털 가속페달을 밟다

언택트하면 가장 먼저 언급되는 단어는 온라인이다. 사람들은 집에서 나가지 않고 모든 것을 집 안에서 해결한다. 클릭 몇 번만으로 원하는 건 모두 얻을 수 있다. 사실 단순히 상품 구매를 위해 마트를 갈 이유는 없다. 온라인은 모든 비즈니스의 토대이다. 온라인을 거치지 않고서는 언택트하기 어렵다. 이미 스마트폰이 대중화되면서 우리는 디지털 시대로 급격히 접어들었고, 기업은 디지털 전환을 추진하며 앞으로 다가올 디지털 이슈를 해결하고자 노력하고 있다.

코로나19로 우리는 매일 아침, 문 앞의 택배를 현관에 들여놓는 것으로 하루를 시작한다. 전날 저녁에 주문한 가정간편식, 신선식품 등이 새벽배송을 통해 열두 시간도 채 안 돼 집 앞에 와있다. 마켓컬리, 오아시스 등의 업체에서 주문한 가정간편식은 소포장으로 되어 있어 한 끼씩 먹을 때마다 냉장고에서 꺼내 간단히 조리만 하면 된다. 이웃집에도 마켓컬리나 오아시스의 택배가 쌓여 있는 것을 볼 때면 코로나19가 온라인 쇼핑 이용을 급격히 증가시켰다는 걸 새삼 다시 느낀다.

온라인 쇼핑은 코로나19 이전부터 증가 추세였다. 2019년 인터넷 이용실태 조사결과를 보면, 2015년 53%였던 인터넷 쇼핑 이용률은 2019년 64%까지 증가했다. 월 평균 이용 빈도는 2009년 기준 3회다. 하지만 코로나19로 인한 사회적 거리두기, 자가격리는 온라인 쇼핑을 기하급수적으로 증가시켰다. 대형마트나 쇼핑몰을 가지 않아 코로나19 이후 대부분의 음식을 온라인 쇼핑으로 해결하기 때문이다. 통계청에 따르면, 온라인 쇼핑 거래액은 2016년 65조 6170억 원에서 2019년 134조 5830억 원으로 3년 만에 두 배 이상 증가했다.

산업통상자원부가 오프라인과 온라인 각각 13사를 대상으로 한 조사를 보더라도 온라인의 급성장이 눈에 띈다. 유통업체의 전년 동월 대비 월별 매출 증감률을 보면, 온라인은 2020년 1월 10.2%에서 2월 코로나가 급격히 확산되던 때 34.3%까지 증가했다. 반면 오프라인은 1월 4.1%에서 2월 -7%, 3월 -17%까지 급락했다. 특히 이 조사결과에서 2020년 3월 전년 동월 대비 상품군별 매출 증감률을 보면, 식품 9%, 생활 및 가정 6%로 주로 집과 관련된 상품군의 매출 증가가 높았다.

이러한 온라인 쇼핑의 주 연령대는 20~30대이다. 그런데 주목해야 할 것은 2015년 대비 2019년 50대 이상의 인터넷 쇼핑몰 이용률이 급격히 증가했다는 사실이다. 이번 코로나19는 50~60대가 온라인 쇼핑에 강제적으로라도 익숙해질 수밖에 없는 상황에 처해 새로운 소비층으로 부상했을 것으로 보인다. 현대경제연구원은 〈2020년 국내 10대 트렌드〉 보고서에서 앙코르 액티브 시니어를 제시했다. 적극적인 사회활동을 추진하는 액티브 시니어

2019년 연령별 인터넷 쇼핑몰 이용률

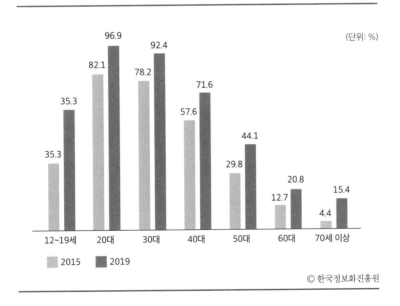

(단위: %)

	12~19세	20대	30대	40대	50대	60대	70세 이상
2015	35.3	82.1	78.2	57.6	29.8	12.7	4.4
2019	35.3	96.9	92.4	71.6	44.1	20.8	15.4

© 한국정보화진흥원

는 온라인에도 익숙해 새로운 소비 주체로서의 영향력이 크다. 새롭게 편입된 이 소비 주체는 온라인으로 장을 보거나 음식을 시켜 먹는 등 온라인 서비스의 편의성을 한 번 느껴본 이상 계속해서 이용할 가능성이 높다.

온라인 쇼핑몰뿐만 아니라 배달의민족, 요기요 등 배달 앱 이용자 수도 증가했다. 삼시 세끼를 먹어야 하는데, 매일 만들어 먹거나 가정간편식만 먹을 수 없기 때문에 하루 한 끼 정도는 배달을 시켜 먹게 된다. 게다가 외식조차 할 수 없으니 배달 음식에 대한 수요는 증가할 수밖에 없다. 앱마인더에 따르면, 국내 대표 배달 앱인 배달의민족 이용자 수는 1월 둘째 주 약 532만 명에서 국내 확진자 100명을 돌파한 2월 셋째 주에 577만 명, 3월 셋째 주에는 623만 명으로 지속 증가했다. 이처럼 사람들은 온라인 쇼핑을 통해 먹거리를 주문하면서도 때로는 배달 음식을 통해 식사를 해결했다. 이와 함께 당근마켓 같은 지역 기반의 중고거래도 활성화되었다.

코로나19는 디지털 가속페달을 밟았다. 이제 모든 연령층에서 디지털은 친숙한 존재이다. 카카오톡, 밴드 등의 SNS에서 벗어나 모바일 쇼핑과 배달까지 접수했으니 앞으로 디지털의 파괴력은 더 높아질 수밖에 없다. 코로나 이전의 시대가 온라인 우세였다면, 코로나 이후는 온라인 '장악'의 시대다. 그렇지 않아도 한국은 온라인 장보기 세계 1위였는데, 코로나19가 온라인의 폭발적 성장의 기폭제가 되어 새로운 디지털 라이프의 장을 열고 있다. 디지털 가속페달을 밟고 있는 지금, 어디로 어떻게 질주해야 하는지에 대한 방향성을 잡을 때이다.

언택트 비즈니스: 온라인 서비스

◆ 배달
  우아한형제들, 딜리버리히어로
◆ 이커머스
  쿠팡, 마켓컬리, 오아시스, 당근마켓

각자도생의 시대,
공유경제는 정말 몰락할까?

    2008년 금융위기 때, 하버드대학교 로렌스 레식Lawrence Lessig 교수가 제시한 공유경제는 최근까지도 화두였다. 당시 위기 극복을 위해 제안한 이 개념은 한 번 생산된 제품을 다수가 공유하는 협력 소비를 기본으로 한다. 누군가가 보유하고 있지만 사용하지 않은 제품을 공유한다면 얼마나 효율적인가? 그 이후 수많은 공유 비즈니스 모델이 나왔고 꾸준히 성장해왔다. 하지만 코로나19는 언택트 환경을 만들었고 전 세계 사람들은 각자도생하고 있다. 한 건물에서 확진자가 한 명이라도 나오면 건물이 폐쇄되고 있는 상황에서 '공유'보다 끔찍한 일은 없다. 공유지의 비극이 시작된 것이다. 공유 비즈니스가 새로운 경쟁자나 새로운 패러다임이 아닌 코로나19에 의해 무너지고 있는 것이다.

이러한 공유경제의 대표적인 모델은 우버Uber, 에어비앤비Airbnb였다. 자동차와 집을 공유하는 이 비즈니스 모델은 사람들에게 인기를 끌었고 급성장했다. 특히 여행을 갈 때면 에어비앤비는 가성비 좋은 선택지였다. 외국인이 한국에 올 때도 마찬가지였다. 그래서 에어비앤비 국내 숙소 수는 2016년 1만 3,800곳에서 2018년 3만 7,100곳으로 늘어났고, 최근 일 년간 국내 숙소 방문객 또한 39만 2,900명에서 188만 8,000명으로 급증했다.

그런데 지금은 어떤가? 공유경제 시대에 잘나가던 우버, 에어비앤비는 위기에 처해 구조조정을 단행하고 있다. 에어비앤비는 2020년 5월 7,500명 직원 중 1,900명을 정리해고했다. 우버 또한 같은 달 전 직원의 14% 수준인 3,700명을 일시해고했다. 더욱이 신규 운전자의 등록과 교육을 담당하는 드라이버 센터 180곳(전체 450곳)의 업무를 중단시켰다. 팬데믹 공포가 공유 비즈니스의 몰락을 가져온 것이다. 공유 오피스 사업을 운영하는 위워크WeWork 또한 상황이 좋지 않아 중국, 인도, 남아메리카에서는 사업 축소 혹은 철수를 했다. 이 공유경제 비즈니스에 투자했던 소프트뱅크의 손정의 회장은 큰 손실을 보았다.

국내는 어떨까? 차량공유 업체인 쏘카가 2020년 4월 회망퇴직 신청을 받았다. 코로나19 이전만 해도 쏘카는 꾸준한 성장세를 유지해왔다. 2013년 쏘카의 회원수는 7만 명에 불과했지만 2016

년 240만 명, 2019년에는 580만 명을 기록했다. 경쟁업체인 그린카도 2011년 2천여 명의 회원에 불과했지만 현재 350만 명의 누적 회원수를 보유하고 있다. 이처럼 공유 비즈니스는 누가 뭐래도 현시대에 적합한 비즈니스 모델이었다.

서울시의 자동차 등록 추이를 보더라도 알 수 있다. 서울시 자동차 등록대수는 꾸준히 증가했지만 2016년 이후 증가세가 둔화되더니 2018년 이후에는 소폭 감소하였다. 특히 연령대별 자동차 등록현황을 보면, 30대와 40대의 자동차 등록대수의 연평균 증가율은 -27%, -14%로 나타난다.

20대 이하의 경우에도 2019년 자동차 등록현황은 감소했다. 이처럼 20대부터 40대까지의 자동차 등록대수는 공유경제의 영향을 받았다. 주말이나 공휴일에 고속도로에서는 쏘카, 그린카 등의 공유 차량을 종종 볼 수 있다. 또 개인용 이동수단인 전동킥보드, 자전거 등의 공유 서비스에도 영향을 미쳤다. 제레미 리프킨의 말처럼 '소유의 종말'이 오고 있다. 공유경제를 떠나 소유의 종말은 사람들이 집에 있는 수많은 가전을 렌탈하고 있다는 점에서도 찾을 수 있다.

이런 공유경제는 사람들의 가치와 생활양식의 변화에 따라 급성장했지만, 이번 코로나 사태로 급격한 위기에 처했다. 그 이유는 기본적으로 공유경제가 오프라인 중심의 비즈니스이기 때문이다. 서비스 이용의 편리성을 제고하기 위해 스마트 디바이스를 활용하지만, 기본적으로 현재의 공유경제는 기존 오프라인 서비스의 운영 효율성을 높이는 데 주력한다. 그래서 코로나로 사람들이 많이 모이거나 다수의 사람이 이용한 오프라인 중심의 공유경제가 위협 받고 있는 상황이다.

더욱이 코로나19로 사람들의 위생 의식이 강화되면서 원래 민감하지 않던 사람도 민감해져 공유에 대한 문화는 많이 바뀔 것으로 보인다. 한국 사람들의 음식을 같이 먹는 문화가 코로나19를 계기로 바뀌고 있는 것처럼 말이다. 4차 산업혁명으로 데이터와 지식의 공유는 더 강화되겠지만, 사람 간의 접촉이 필요한 공유는 약화될 것이다.

그렇다면 공유경제는 이대로 몰락할까? 숙박, 차량 등 다수의 사람이 이용하거나 폐쇄 공간이 존재하는 서비스는 단기적으로 어려움에 처할 것이다. 그럼에도 공유 비즈니스에 희망은 있다. 바로 기업들이 고정비 부담을 최소화하기 위해 공유 서비스를 이용하기 때문이다. 기업 운영에 있어 고정비는 위기 때 가장 무서운 존재다. 특히 사무실 임대료, 법인 소유의 차량은 특히 그렇다. 또 지금처럼 긱 워커gig worker, 디지털 노마드의 삶을 살아가는 사람이 많은 상황에서 공유 서비스는 없어서는 안 되는 것 중에 하나다. 원격근무는 이를 촉진할 수 있다.

중국에서는 코로나19로 오히려 공유 자전거 서비스에 대한 수요가 높아졌다. 지하철, 버스 등의 대중교통은 코로나19 감염 위험에 노출되어 있기 때문이다. 참고로 중국의 공유경제 시장은 2018년 기준 2조 9420억 위안으로 이는 2017년 대비 41% 증가한 수치다. 이는 사람들이 코로나19 때 등산을 가는 것과 같은 맥락이다. 영국에서는 지금까지 불법으로 규정해왔던 전기 스쿠터의 시험 운행을 6월부터 허용하기로 결정했다. 코로나19 확산도 막고 대기오염도 개선시킬 수 있기 때문이다.

그래서일까? 공유오피스인 스파크플러스, 법인 카셰어링 서비스인 '쏘카 비즈니스'에 대한 문의, 퍼스널 모빌리티인 고고씽, 서울시의 따릉이 이용률은 증가한 것으로 나타났다. 스파크플러스의 경우 2020년 1/4분기 3개월 이하 단기 오피스 입주 문의가 전년 동기 대비 두 배 이상 늘었다. 쏘카 비즈니스도 2020년 3월 대비 4월에 문의 건수가 40%가량 증가했다. 이러한 서비스의 이용은 일시적일 수 있다. 하지만 현재 공유 비즈니스가 가지고 있는 서비스와 고객의 세분화로 코로나19 이전의 서비스와 차별성을 가질 수 있는 시장을 찾는 것이 필요하다.

장기적으로는 공유 비즈니스가 어떤 방법으로 사람들에게 '전염'이란 키워드에서 벗어날 수 있도록 할 수 있는지가 핵심이다. 이를 위해서는 기업들이 불확실성에 대응하는 것처럼 고객들을 위해 불확실성을 제거해줘야 한다. 단순히 소독제 비치 같은 위생관리를 넘어서는 게 필요하다. 대표적인 게 프라이빗 서비스다. 이 서비스는 코로나19 사태에도 살아남았다. 이는 곧 고객에게 불특정 다수 서비스라는 인식에서 벗어나도록 해주는 것이 중요하다는 것을 알려준다. 실제로 CNBC방송은 2020년 3월 "미국 부유층들이 코로나19 확산 사태를 피하기 위해 수영장이 딸린 호화 대피소를 구입하거나 외딴 섬으로 피신하고 있다."고 전했다. 한국도 마찬가지다. 그래서 공유 비즈니스는 지금의 위기를 타개하기 위해서는 프라이빗 서비스의 도입이 필요하다.

르 메르디앙 서울은 '프라이빗 키즈 플레이', 인터컨티넨탈 서울 코엑스는 '프라이빗 겟어웨이 패키지'를 선보였다. 이러한 프라이빗 상품은 공용 공간을 전용 공간으로 전환하고 다른 사람과의 접촉을 피할 수 있는 서비스로 고객들을 유혹한다. 예를 들어, 키즈 상품들은 대부분 다수의 아이들과 한 공간에서 놀 수 있는 프로그램들을 진행하는데, 프라이빗 서비스는 전용 놀이 공간을 단독으로 사용할 수 있게 해주는 프리미엄 서비스다. 그랜드 하얏트 서울 호텔은 '룸콕'이란 상품을 내놨다. '방콕'할 바에는 '룸콕'이라는 이 서비스는 객실 안에서 룸 서비스를 받는 것이다.

호텔뿐만 아니라 유통, 외식업계에서도 프라이빗 서비스를 운영하고 있다. VIP를 위한 퍼스널 쇼퍼, 원 테이블 레스토랑 등이 가장 대표적이다. 다수의 고객을 받기보다는 한 고객만 받아서 객당 단가를 높이는 전략이다. 점점 모임이 꺼려지는 시대에는 좋은 전략이다. 이런 서비스들은 단기적으로는 코로나19로 인한 위기를 극복하기 위한 방안이지만 한편으로는 충성고객에 대한 관리 강화를 할 수 있는 절호의 기회이기도 하다. 그런 면에서 코로나19는 '고객 중심'이라는 것이 무엇인지를 되돌아보게끔 하는 기회가 되고 있다. 고객은 '인싸'가 되고 기업은 '충성도'를 얻는 윈윈 win-win 전략이다. 이외에도 초대받은 손님만 들어갈 수 있는 칵테일바, 소수 고객만을 위한 프라이빗 전시, 프라이빗 공항 픽업 서비스 등은 포스트 코로나 시대에도 여전히 유효해 보인다.

공유경제로 돌아오면, 에어비앤비가 2019년 런칭한 럭셔리 숙박 서비스 '에어비앤비 럭스'가 공유 비즈니스와 프라이빗 서비스를 접목한 사례로 볼 수 있다. 에어비앤비 럭스는 "숙소 자체가 목적지가 되는 여행"이라는 슬로건을 가지고 '세상에서 가장 특별한 숙소', '고객의 취향에 맞춘 여행 계획'이라는 서비스 차별성을 제시하고 있다. 그래서 에어비앤비 럭스는 고급스러운 숙소 외에도 전담 여행 디자이너, 아이돌봄서비스, 전담 셰프, 개인 헬스장 트레이닝 등 현재 다른 산업군에서 진행 중인 프라이빗 서비스를 담고 있다.

언택트 비즈니스: 공유경제

◆ **퍼스널 모빌리티**

매스아시아(고고씽), 서울시(따릉이)

◆ **오피스 및 차량 공유**

스파크플러스, 쏘카(쏘카 비즈니스), 그린카

◆ **프라이빗 서비스**

에어비앤비 럭스, 호텔·유통·외식업계의 프라이빗 서비스

라이브 커머스,
경험 극대화와 팬덤의 형성

언택트한 환경은 온라인 쇼핑의 잠재력을 폭발시켰다. 이미 모바일 쇼핑에 익숙했던 사람들에게 오직 온라인에만 집중하게 만들었다. 대형마트, 쇼핑몰, 백화점은 관심사에서 벗어나고 있다. 또 온라인에 익숙하지 않았던 사람들에게는 신세계를 보여주었다. 온라인이 너무 편했던 것이다. 처음에는 어려웠던 것이 몇 번 해보니 익숙해져 그 편안함에 빠져 버렸다. 그동안 온라인은 높은 연령대에게 진입장벽이 존재했다. 그래서 카카오톡과 밴드 등 간단한 SNS만 활용했는데, 이제는 어쩔 수 없이 그들도 온라인을 학습하게 된 것이다.

이런 이커머스 시장은 이제 영상 중심으로 재편되고 있다. 사람들의 인터넷 이용행태를 보면 쉽게 알 수 있다. 2019년 인터넷 이용실태 조사결과를 보면, 최근 1개월 이내 동영상 서비스 이용자는 81%에 달하며, 73%는 하루에 1회 이상 이용한다고 응답했다. 특히 주 평균 이용 시간은 20대의 경우에 다섯 시간으로 나타나 다른 연령대가 네 시간 내외인 것과 비교해 높은 것으로 나타났다.

영상 중심의 커머스는 코로나19 전부터 진행되고 있었다. 다이아TV, 트레저헌터, 샌드박스네트워크 등 MCN 등이 부상하면서 크리에이터들이 영상을 통해 제품을 소개하고 판매했다. MCN^{Multi Channel Network}은 일인 크리에이터의 영상 콘텐츠를 관리하고 지원해주는 사업이다. 〈랜선라이프〉라는 프로그램에 나왔던 크리에이터들은 대부분 MCN 업체에 속해 있다. MCN을 포함한 국내 일인 미디어 시장은 2018년 3조 8700억 원, 2020년 5조 1700억 원, 2023년까지 7조 원 규모로 성장할 것으로 전망된다. 크리에이터들은 제품 판매에도 큰 영향을 미친다. 특히 뷰티 제품은 유튜브에서 크리에이터들의 영향력이 높아져 MCN 업체들은 자체 채널을 통해 제품을 판매하거나 뷰티 업체들과 협업하여 제품 기획 및 개발을 하고 있다.

이처럼 영상 콘텐츠는 대세다. 밀레니얼 세대, Z세대 등의 영상 콘텐츠 이용이 급증하면서 '라이브 커머스'가 등장하고 있다. 온라인의 한 축을 담당하고 있는 네이버(네이버 라이브 커머스)와 카카오(톡딜 라이브 커머스)는 자체 플랫폼을 통해 서비스를 런칭했다. 네이버는 스마트스토어 판매자를 위한 라이브 커머스 툴(셀렉티브)을 제공하여 고객과의 거리를 좁힐 수 있도록 했다. 이를 위해 실시간 채팅, URL 공유 기능을 제공한다. 이를 통해 크리에이터의 영향력을 더 높일 수 있도록 했다. 특히 카카오는 자사의 공동 구매 서비스인 톡딜의 활성화를 위해 2019년 10월 시작해 좋은 반응을 얻어 2020년 4월까지 여섯 번의 라이브 방송을 진행했다. 2020년 2월에는 인기 먹거리 판매를 통해 역대 최대 거래액을 달성했다. 이를 통해 상품군도 샌드위치 메이커, 자동 핸드 드리퍼, 시계 등으로 확대하고 있다.

톡딜 라이브는 카카오의 '공동 구매' 서비스인 톡딜의 판매 촉진을 위해 프로모션 격으로 2019년 10월에 시작됐다. 회차를 거듭할수록 좋은 반응을 얻고 있다. 2020년 2월 방송에서는 인기 먹거리 판매로 역대 최대 거래액을 달성한 바 있다. 게다가 5, 6차에서

카카오TV의 톡딜 라이브 ⓒ kakaoTV

는 샌드위치 메이커, 핸드 드리퍼, 시계 등 상품군을 확대했다.

또 다른 축인 오프라인을 담당하고 있는 롯데백화점과 현대 백화점은 영상을 통해 매장에서 제품을 소개하며 판매한다. 롯데 백화점은 '롯데 라이브', 현대백화점은 네이버와 협업하여 '백화 점 윈도 라이브'를 하고 있다. 롯데백화점은 2019년 12월부터 하루에 한 번 MCN처럼 쇼호스트나 인플루언서가 나와 12시, 15시에 백화점에서 실시간으로 제품을 소개한다. 고객들은 영상을 보며 제품을 보고 채팅을 통해 "예뻐요", "오오~" 등의 반응을 보인다. 라이브 커머스는 고객들이 마치 매장에 있는 것 같은 느낌을 주며, 판매원의 부담스러운 시선을 느끼지 않아도 된다. 시청 횟수는 급증하고 있다. 특히 2020년 4월 네이버와 진행한 '아디다스 창고 털기' 방송은 4만 6,000뷰를 기록하고 2억 4000만 원의 매출을 올렸다. 또 롯데백화점은 자사의 온라인 쇼핑몰 엘롯데에 "Let's Live" 코너를 만들어 모델이 상품을 착용한 모습을 영상으로 보여주며 구매할 수 있도록 했다.

지금까지 언급한 업체 외에도 AK플라자는 V커머스 플랫폼 그립GRIP 내에 AK백화점관, 티몬은 티몬 셀렉트, 롯데하이마트는 자체몰에 하트라이브를 선보였다. 이처럼 라이브 커머스는 제품을 판매하는 핵심 방법이 되었다.

언택트 시대, 라이브 커머스가 의미하는 바는 무엇일까? 오프라인에서의 경험 가치가 온라인에서도 최대한 보존되길 바라는 것이다. 오프라인의 핵심은 실제로 옷을 입어본 후, 착용감을 느끼는 것이다. 온라인에서는 그렇게 하지 못하지만 인플루언서를 통해 이를 간접 경험한다. 생생한 영상을 통해서 말이다.

또 이런 경험의 축적을 통해 유튜브 크리에이터들처럼 브랜드에 대한 팬덤이 형성되도록 하는 것이 중요하다. 유튜브 크리에이터들이 방송에서 제품을 소개하면 베스트셀러가 되는 것처럼 말이다. 이 시점에서는 상품이 자신에게 적합한 것을 떠나 자신의 취향을 소비하게 되는 것이다. 자신이 좋아하는 브랜드를 통해서 말이다.

라이브 커머스는 결국 고객과 브랜드 간의 친밀감을 높여줘 마치 TV 버라이어티 프로그램 같은 성격을 가진다. 〈마이 리틀 텔레비전〉처럼 사람들은 이제 쇼핑도 예능 프로그램처럼 즐기고 싶어한다. 매장은 더 이상 제품의 전시만을 위해 존재하는 게 아닌 수많은 고객들에게 다가가기 위한 스튜디오가 된다. 여기서는 예능 프로그램뿐만 아니라 때론 TV 홈쇼핑이 되기도 하고, 때론 상품 정보를 재미있게 제공해주는 인포테인먼트의 장이 되기도 한다. 또 가상 혹은 증강현실의 장이 될 수도 있지 않을까?

라이브 커머스는 고객이 찾아오게끔 하는 풀pull 마케팅의 수단이다. 전통적인 DM에서 벗어나 고객들이 필요로 하는 게 무엇인지, 고객들이 상품과 브랜드에 원하는 게 무엇인지를 찾고 이를 반영해 방송을 기획하는 미디어 매체가 되는 것이다. 더 중요한 것은 실시간으로 고객 반응을 살피고, 그에 맞는 상품을 기획할 수 있어야 한다. SPA 브랜드가 오프라인 매장의 재고를 통해 반응을 살폈다면, 라이브 커머스는 고객과의 채팅을 통해 반응을 살펴야 하는 것처럼 말이다.

언택트 비즈니스: 라이브 커머스

◆ 라이브 커머스
네이버, 카카오, 티몬, 롯데쇼핑, AK플라자, 롯데하이마트

◆ MCN
다이아TV, 트레저헌터, 샌드박스네트워크

이제 치료도
디지털로 한다

코로나19로 사회적 거리두기를 하면서 가장 힘들었던 것 중 하나가 병원 이용이다. 혹시나 병원에 갔다가 코로나19에 걸릴 염려도 있었기 때문이다. 그래서 정부는 2020년 2월 24일부터 감기 외 모든 질환에 대해 원격으로 진료를 받을 수 있도록 허용했다. 환자는 전화로 의사의 처방을 받을 수 있다. 이런 원격의료는 언택트의 대표 서비스이다.

이 원격의료와 관련하여 최근 부상하고 있는 것이 디지털 치료제digital therapeutics이다. 앞에서도 외면과 내면의 균형을 맞추는 것이 필요하다고 언급했다. 이것은 우울증, 불면증, 공황장애 등 코로나19로 발생할 수 있는 질병을 언택트 환경 속에서도 치료가 가능하게 한다. 언택트는 질병관리의 시대에서 건강관리의 시대로의 변화를 앞당기고 있다. 언택트는 유지해야 하는데 코로나 블루에 걸렸다면 어떨까? 이럴 때 대면 방식의 진료와 달리 비대면으로 치료가 가능한 디지털 치료제는 포스트 코로나 시대에 주목할 만한 비즈니스 아이템이다. 병원에서 집으로 의료의 축이 옮겨가는 것이다. 일단 이 생소한 디지털 치료제에 대해 이야기 해보자.

디지털 치료제 연합DTA, Digital Therapeutics Alliance에 따르면, 디지털 치료제는 "의학적 이상 또는 질병을 예방, 관리, 혹은 치료하기 위해서 고품질의 소프트웨어 프로그램을 통해 근거 기반의 치료적 개입을 제공하는 것"으로 정의한다. 쉽게 말하면, 스마트폰 앱, VR, 챗봇, 인공지능, 게임 등을 통해 환자를 치료할 수 있는 디지털 약이다. 1세대가 합성의약품, 2세대가 바이오의약품이었다면 디지털 치료제는 3세대로 불린다. 이 치료제는 단독으로 사용할 수 있는지에 따라 대체제와 보완제, 목적에 따라 질병 관리 및 예방, 다른 의약품의 최적화, 질병 치료 등으로 구분한다.

디지털 치료제는 단순 건강관리 제품과 달리 치료 목적이 있어야 하고 임상시험도 통과해야 한다. 미국 시장조사기관인 얼라이드 마켓 리서치Allied market Research에 따르면, 글로벌 디지털 치료제 시장은 2018년 22억 달러에서 2026년 96억 달러에 달할 것으로 전망한다. 이 시장은 행동 교정 시장이 가장 큰 비중을 차지하고 있다. 글로벌 시장조사기관인 프로스트 앤 설리번Frost & sullivan에 따르면, 행동 교정 시장은 2023년 기준 전체 시장에서의 비중이 33%, 복약순응지원 26%, 만성질환관리 25%, 데이터 수집 및 분석 14%로 전망된다.

최초의 디지털 치료제는 무엇일까? 바로 약물중독 치료 앱인 리셋reSET이다. 미국 페어테라퓨틱스Pear Therapeutics가 2017년 9월 치료목적으로 FDA 허가를 받아 2018년 다국적 제약회사인 노바티스Novartis와 협력해 2018년 11월 시장에 출시했다. 리셋은 어떤 식으로 약물중독을 치료할까? 이 앱은 인지행동치료에 기반해 약물중독자가 자신이 약물을 사용하는 상황을 파악해 이에 대처하는 훈련을 하거나 사고방식의 변화 방법을 학습한다. 이후 이 회사는 마약성 진통제 중독 치료인 리셋-OreSET-O의 FDA 허가를 2018년 12월에 받았다. 이외에도 불면 치료제 솜리스트Somryst가 FDA 승인을 받았다. 미국이 주도하고 있는 이 시장에서 치료제 목적을 명시해 허가된 제품은 리셋과 리셋-O 외에 프리스피라Freespira, 오리나Oleena 등이 있다.

또 다른 치료제로는 아동의 ADHD 치료를 위한 게임이 있다. 아킬리 인터랙티브Akili Interactive의 치료제 AKL-T01이다. 이 치료제는 아동이 외계인 캐릭터를 조종하면서 다른 작업을 같이하는 게임EVO을 통해 아동의 주의력을 향상시키는 것을 목표로 한다(현재 FDA 심의 중이다). 이 회사는 자폐 스펙트럼 장애AKL-T02, 주요 우울

장애 및 다발성 경화증AKL-T03, 주요 우울 장애AKL-T04 등의 치료제를 개발 중이다.

코로나 블루와 연관해 생각해볼 수 있는 워봇Woebot도 있다. 워봇은 인지행동치료를 통해 환자의 우울증을 치료하는 챗봇이다. 2016년 출시된 이 챗봇은 20대를 타깃으로 개발되었다. 말투 또한 밀레니얼 세대와 비슷하다. 대화를 통해 우울증 환자가 부정적 생각에 대해 생각해보게끔 질문할 수 있다. 워봇랩스Woebot Labs의 CEO인 앨리슨 다아시Alison Darcy는 워봇에 대해 "새벽 한 시에도 대화할 수 있는 '정신건강 구급상자'를 만들었다."고 말한다. 워봇은 130개 국가에 서비스를 제공하며 매주 200만 건 이상의 대화를 저장하고 있다. 2020년 4월, 워봇랩스는 코로나로 불안감이 증가하는 사람들을 위해 퍼스펙티브Perspectives라는 코로나19 지원 서비스를 런칭했다. 이 서비스는 사람들이 사회적 거리는 유지하면서 고립감은 감소시킬 수 있는 아이디어나 명상 관련 내용을 제공한다.

국내에는 뉴냅스, 라이프시맨틱스, 웰트, 로완 등이 있다. 뉴냅스는 VR 기반 뇌손상 시야장애, 라이프시맨틱스는 암 증상 관리, 웰트는 근감소증, 로완은 다중영역 인지기능 향상과 관련된 디지털 치료제 사업을 하고 있다.

디지털 치료제는 정부의 규제로 시장이 발달하지 않아 아직 대중에게 잘 알려져 있지 않다. 하지만 포스트 코로나 시대에 디지털 전환과 함께 급부상할 것으로 보인다. 앞으로 우리는 집에서 자신의 질병을 치료하거나 건강관리를 위해 병원에 가지 않고도 스마트폰 앱을 통해 진료를 받을 수 있을 것이다. 우울증, 불면증, 만성질환 등 현재 우리 사회에서 이슈가 되고 있는 질병부터 말이다.

언택트 비즈니스: 원격의료

◆ **디지털 치료제**
페어테라퓨틱스, 아킬리 인터랙티브, 워봇랩스, 뉴냅스, 라이프시맨틱스, 웰트, 로완

홈스쿨링,
디지털 네이티브의 학습을 사로잡다

코로나19로 전 세계 학교가 폐쇄되었다. 유네스코UNESCO가 발표한 코로나19에 따른 학교 폐쇄 현황만 봐도 2020년 4월 1일 기준, 194개 국가의 학교가 문을 닫았고, 약 16억 명의 학생들이 학교를 가지 못했다. 국내도 마찬가지였다. 코로나19의 확산으로 초중고교가 문을 닫았고, 대학교는 원격수업을 진행했다. 이뿐만 아니다. 학교 외에 학원도 코로나19로 인해 문을 닫을 수밖에 없는 상황에 처했다.

2020년 3월 17일 유은혜 교육부장관은 "학원들이 사회적 거리 두기에 동참해 줄 것을 다시 한 번 호소한다."고 말했다. 이로써 아이들이 학교에 이어 학원까지 갈 수 없는 상황으로 집에서 가장 바쁜 사람 중 한 명은 주부가 되었다. 앞서 살펴본 홈스마트와 관련해서도 주부는 이중삼중으로 고통을 겪었다. 아이들이 등하교를 하지 못하면서 아이들의 식사부터 교육까지 주부가 전담하는 상황이 되었다.

미국에서도 코로나19로 인해 주부들이 청소나 요리 등의 집안일을 더 많이 하는 것으로 나타났다. 가족구성원 중 누가 집안일을 더 많이 하는가란 질문에 여성은 70%, 남성은 30%가 본인이라고 응답했다. 홈스쿨링 혹은 원격수업 관련해서도 마찬가지였다. 여성의 응답 비중은 80%, 남성은 45%였다. 영국 일간지 〈더선The Sun〉은 이런 상황을 보며 부모들이 '무급교사'라는 역할을 맡게 되었다고 말했다.

실제 주변을 둘러봐도 맞벌이 가정은 육아 문제로 회사에 휴가를 내거나 휴직을 했다. 금방 지나갈 것 같았던 코로나19가 끝날 기미가 보이지 않아서이다. 부모들은 평소 잘 챙기지 못했던 아이들 교육 문제에 관심을 가지게 되었고, 특히 홈스쿨링을 하면서 코로나19로 인한 고통은 더 깊어졌다.

갑작스런 홈스쿨링은 부모들을 곤란하게 만들었다. '코로나+홈스쿨링'으로 네이버 검색만 해도, "코로나로 홈스쿨링 잘하고 계신가요?", "만5세 아이 홈스쿨링 조언 부탁드려요", "6세 홈스쿨링 뭐가 좋을까요?", "7살 홈스쿨링 어떻게 하고 계신가요?", "초등학생 딸과 코로나 극복하기. 홈스쿨링 시작" 등 어린 자녀를 위한 홈스쿨링에 대한 수많은 게시글이 있다. 이런 관심 때문에 홈스쿨링 서비스 수요는 급증했다. 위메프에 따르면, 2020년 1/4분기 홈스쿨링 서비스 신청자 수는 전년 동기 대비 약 432% 증가했다. 이와는 반대로 방문학습지는 코로나19로 가장 큰 타격을 받았다. 대면을 극도로 꺼려해 많은 사람이 방문학습을 연기하거나 중단했기 때문이다.

이런 상황에서 가장 수혜를 본 산업이 에듀테크^{EduTech}이다. 에듀테크는 인공지능, AR/VR, 빅데이터 등 4차 산업혁명 관련 기술이 결합해 교육 서비스의 혁신을 목표로 한다. 글로벌 에듀테크 시장은 2017년 2200억 달러에서 2020년 4300억 달러, 국내는 4조 원에서 10조 원 이상 규모로 성장할 것으로 전망되고 있다.

2018년 이러닝 산업실태 조사에 따르면, 국내 이러닝 수요시장 규모도 2014년 이후 꾸준히 증가해 2018년까지 연평균 성장률 4.7%를 기록했다. 2018년 시장 규모는 약 3조 7772억 원으로 2017년 대비 4% 증가했으며, 개인 수요시장 규모는 다른 시장이 3% 내외였던 것에 반해, 이보다 높은 7%의 증가율을 보였다.

국내 에듀테크 업체인 아이스크림에듀는 2008년 초등교사용 학습자료 사이트 아이스크림^{i-Scream}을 개설했다. 세계 최초의 온라인 디지털 교과서인 이 서비스는 국내 초등학급의 94% 이상이 사용 중이며, 일 평균 방문자 수는 9만 명에 달한다. 이 업체는 2012년 초등 홈러닝 서비스 아이스크림 홈런^{Home-Learn}을 런칭했다. 홈런이라는 말에서 알 수 있듯이 아이들이 자기주도적으로 학습하는 것을 목표로 한다. 지금 아이스크림에듀는 언택트 시대에 국내 대표적인 에듀테크 업체로 주목받고 있다. 현재 이 업체는 초중교 대상 홈런 서비스, 모바일 알림장 서비스 하이클래스, 홈런프렌즈, 홈런학습센터 등을 운영하고 있다. 특히 초등학생 자녀를 둔 부모들은 10일간 아이스크림 홈런을 무료로 체험해보고 홈런 회원으로 가입하기도 했다.

이 서비스는 입소문을 타면서 많은 학부모들이 가입했다. 그래서일까? 증권사에서는 "아이스크림에듀의 2020년 매출액과 영업이익은 각각 1300억 원과 130억 원을 기록해 전년 대비 21%, 98% 증가할 전망"으로 분석했다. 아이스크림 홈런의 유료 회원수는 2013년 1만 6,757명에서 2016년 6만 4,292명, 2019년에는 10만 명을 돌파하면서 2019년 매출액은 1064억 원이다.

아이스크림에듀뿐 아니라 천재교과서의 밀크T 또한 2020년 3월 회원수가 10만 명을 돌파했다. 이러한 서비스들은 방문교사가 직접 방문하여 아이와 함께 학습지를 풀던 기존의 학습방식을 바꿨다. 아이들은 스마트 패드를 이용하여 디지털 콘텐츠를 학습하고, 화상으로 선생님과 대화하며 자신의 학습 상태를 확인받는다.

지금은 급격한 환경 변화로 부모들이 아이들의 학습현황을 관리하지만, 이런 스마트 서비스들이 자리잡으면서 자기주도적인 학습환경이 만들어질 것으로 판단된다. 인공지능, AR/VR 등이 아이들의 디지털 콘텐츠에 대한 집중도를 점검하고 이를 바탕으로 아이와 학부모에게 피드백하면서 아이가 왜 집중하지 못하는지, 학습태도 개선사항은 무엇인지 등이 제시될 것이다. 대면하지 못하지만 선생님과 정기적으로 화상대화나 온라인 채팅을 하면서 아이들은 대면 시에 느꼈던 선생님과의 유대관계를 간접적으로 느끼게 된다.

이미 알고 있듯이 부모들이 아이들에게 유튜브를 가능한 보지 못하게 하려고 스마트폰을 쥐어주지 않았던 것은 오프라인으로 진행되는 활동이나 교육이 중요하다고 생각했기 때문이다. 그럼에도 기술 중심의 환경 변화와 디지털 네이티브의 등장은 이러한 생각을 점점 깨고 있다. 그렇다면 중요한 것은 디지털 학습을 통해 아이들이 어떻게 하면 몰입할 수 있을까이다. AR/VR 기술을 활용하든, 온라인과 오프라인을 적절히 융합하든, 혹은 또 다른 새로운 기술이 등장해 아이의 학습태도를 개선시키고 학습몰입을 높일 수 있는 방법이나 프로그램을 개발한다면 디지털 학습은 유효하다.

언택트 비즈니스: 홈스쿨링

◆ 에듀테크

아이스크림에듀, 천재교과서

장소와 정규교과의 틀을 벗어난
온라인 교육

코로나19로 모든 학교의 수업이 중단되었다. 이로 인해 교사, 학부모 그리고 학생들은 어떤 형태로 학습을 할 수 있을 것인지에 관해 고민하기 시작했다. 이러한 사태는 처음 겪어보는 일이었기 때문이다. 초중고교 교사와 대학교 교수들은 온라인으로 수업하는 방법을 배워야 했고, 온라인으로 진행하더라도 오프라인과 많이 다른 수업 분위기에 '이게 맞나?'라는 생각을 지울 수 없었다. 특히 온라인 수업 초반에는 화상회의 솔루션 줌Zoom이나 구글 클래스룸 등의 사용에 익숙하지 않아 수업에 차질을 빚기도 했다. 코로나19가 우리에게 준 과제는 오프라인이 아닌 온라인 교육에 있어 콘텐츠 구성은 어떻게 할 것인지, 어떻게 이 콘텐츠를 전달할 것인지, 그리고 학생들의 몰입 상태를 어떻게 파악하고 커뮤니케이션할 것인지이다.

이 과제에 대한 답은 대규모 공개 온라인 강의인 무크MOOC, Massive Open Online Course에서 찾아볼 수 있다. 2006년 설립된 비영리 교육 서비스 칸아카데미Khan Academy는 무크의 시초이다. 살만 칸 Salman Khan이 조카에게 수학을 가르쳐 주기 위해 만든 동영상을 유튜브에 올렸는데, 이 영상이 인기를 끌면서 칸아카데미를 설립하게 되었다. 빌게이츠Bill Gates가 아들과 함께 이용해서 유명세를 타기도 했다. 빌 & 멀린다 게이츠 재단Bill & Melinda Gates Foundation이 후원하고 있는 이 서비스는 수학, 과학, 컴퓨팅, 인문, 경제 등 다양한 주제의 강의들이 있다. 이 강의는 1만 8,000개 이상으로 9천만 명(2019년 11월 기준)이 넘는 학생들이 이 서비스를 이용하고 있다. 강의는 관련 분야의 전문가들이 직접 제작하고 선생님과 학부모를 위한 학습관리 솔루션도 제공하고 있어, 아이의 수준 파악을 통한 맞춤 학습이 가능하다(한국에서도 칸아카데미 서비스를 즐길 수 있다).

칸아카데미 이후 2011년에는 스탠퍼드대학교 세바스찬 스런 Sebastian Thrun 교수가 설립한 유다시티Udacity, 2012년 코세라Coursera, MIT와 하버드대학교가 공동 출자한 에드엑스edX 등이 설립되었다. 미국뿐만 아니라 영국에서도 2013년 오픈유니버시티Open University의 퓨처런Futurelearn, 오픈업에드OpenUpEd 등이 만들어졌다.

코세라는 스탠포드대학교, 펜실베이니아대학교, 구글, IBM 등

190개 이상의 대학, 기업과 협업하고 있다. 이에 기반해 기업, 대학, 정부를 위한 차별화된 강좌를 제공하고 있다. 대학과 관련해서는 인문, 경영, 컴퓨터 과학, 데이터 과학, 기술, 헬스케어, IT와 클라우드컴퓨팅 등의 주제가 있다. 이와 관련하여 3,900개 이상의 강좌, 13개 이상의 자격증, 20개 이상의 학위 과정이 있고 현재 4500만 명 이상이 학습하고 있다. 퓨처런은 경영, 인문, 의료, IT, 언어, 법, 문학, 정치, 심리, 과학, 수학 등 다양한 분야의 강의를 제공한다. 이런 강의는 단기 과정, 전문 과정, 학위 과정으로 촘촘하게 구성되어 있어 자신이 원하는 교육의 깊이에 따라 선택할 수 있다.

한국에도 'K-MOOC'가 있다. 이 서비스는 2015년 서울대학교, KAIST 등 국내 10여 개 대학의 참여로 시작되었다. 현재 인문, 사회, 교육, 공학, 자연, 의약, 예체능 등의 주제를 다루고 있으며 800여 개의 강좌가 있다. 또 경영혁신, 설득커뮤니케이션 등 20여 개의 학점은행제 과정도 운영하고 있다. 이런 무크 서비스들은 코로나19로 인해 집에만 있어야 하는 학생과 선생님들을 위해 무료 온라인 교육을 이용하도록 홍보하고 있다.

언택트 시대, 온라인 교육은 더욱 강세를 보일 것이다. 하지만 이 영향은 단순히 온라인의 확대가 아니라 장소의 소멸 그리고 교육의 혁신을 불러온다. 특히 주어진 형태의 교육이 아닌 학생이 직접 자신의 교육과정을 설계하고 이를 바탕으로 수업을 듣고 학위를 받을 수 있는 과정이 올 것이다. 미국의 애리조나주립대학교는 2015년 에드엑스와 함께 '글로벌 프레시맨 아카데미Global Freshman Academy' 과정 프로그램을 만들었다. 이 대학은 90여 개의 전공에 대해서 온라인 강의만으로 학위를 주고 있다. 그래서 등록금도 오프라인의 30% 수준이다. 이런 혁신으로 애리조나주립대학교는 2002년 5만 명 수준의 학생은 2019년 온라인 과정 등록생을 포함해 24만 명으로 증가했다. 특히 정부보조금에 기대던 대학 재정이 현재는 연간 예산의 9%만이 정부지원금이다. 그 결과 〈US 뉴스〉가 2020년 1월 발표한 온라인 학사 과정 순위는 6위로 상위 10위 안에 들었다. 해외 대학들은 상위권 대학도 온라인 교육을 확대하고 있는 반면, 국내 대학은 온라인 교육의 비중이 5% 미만에 불과하다. 이런 교육 현실은 앞으로 교육이 나아가야 할 방향을 여실히 보여준다.

무크가 '온라인' 교육과정에 핵심을 두었다면, 미네르바스쿨Minerva Schools은 학교가 물리적 장소 없이 어떻게 운영될 수 있는가를 보여준다. 이 학교는 2012년 미국의 벤처투자자 벤 넬슨Ben Nelson이 설립한 곳으로 1억 2000만 달러의 투자를 받아 미국 대학 연합체KGI의 인가를 받았다. 이 학교는 하버드대학교보다 들어가기 어려운 곳으로 유명세를 치렀다. 2017년 70개국 2만 3,000명이 지원했는데, 합격률이 4%인 하버드대학교보다 낮은 1%였기 때문이다. 2014년 29명의 학생을 모집한 이 학교는 전체 학생수가 600

명에 불과하다. 등록금은 미국 아이비리그 대비 매우 저렴한 3만 900달러(2020~2021학년도 기준)이다.

미네르바스쿨에는 인문학, 경영학, 계산과학, 자연과학, 사회과학 등의 전공이 있으며 모든 수업은 온라인으로 진행된다. 1년차에는 학문의 토대를 위한 공부로 비판적·창의적 사고, 커뮤니케이션, 협업 능력 개발을 위한 코너스톤Cornerstone 과정에 집중한다. 2년차는 방향성 설정으로 자신의 전공을 선택하고, 3년차에는 전공에 관해 더 깊이 알아간다. 4년차에는 스스로 캡스톤 프로젝트(전공 지식을 현장에 적용하는 프로젝트)를 진행하며 지금까지 배운 것을 통합하는 데 집중한다. 이를 위해 학생들은 캠퍼스 없이 4년 동안 미국, 영국, 독일, 아르헨티나, 인도, 대만, 한국 등 7개국을 돌아다니며 기업, 비영리단체, 공공기관들과 프로젝트를 진행한다. 2019년 9월 미네르바스쿨의 학생들이 5G 배우기 위해 SK텔레콤을 방문했으며 애플, 아마존, 구글과도 협력 중이다.

미네르바스쿨은 자체 온라인 교육 플랫폼 포럼을 활용해 20명 내외의 학생이 실시간 토론을 하는 능동적 학습을 장려한다. 온라인 수업은 이러닝처럼 녹화된 영상, 사전에 계획된 활동, 콘텐츠 중심이 아니다. 그래서 미네르바스쿨은 온라인 학습에 대한 우리의 가정에 대해 다시 생각해봐야 한다고 말한다.

무크, 미네르바스쿨은 언택트 시대, 학생과 선생님 간의 커뮤니케이션, 학생 간의 커뮤니케이션, 교육과정, 교육기간, 학습방

미네르바스쿨의 포럼을 활용한 설문조사 모습 © 미네르바 스쿨

법 그리고 이를 지원하기 위한 교육 플랫폼에 대한 시사점을 제공한다. 공교육의 위기, 대학교의 위기는 수년 전부터 꾸준히 거론되었다. 미래학자 토머스 프레이Thomas Frey는 "향후 10년간 전 세계 대학의 절반가량이 사라질 것."이라고 전망했다. 지금 우리가 생각해봐야 할 것은 단기적으로 온라인 교육 운영이다. 어떻게 해야 학생들이 온라인 수업 중에 집중력이 흐트러지지 않을 것인지에 관한 고민이 필요하다. 더 나아가 이를 위한 교육방법과 교육 콘텐츠 구성도 생각해봐야 한다. 단순히 오프라인 교육을 온라인으로 전환한다는 생각을 버려야 한다.

장기적으로는 학습이라는 게 무엇인지, 학습의 목표가 무엇인지에 관한 고민이다. 새로운 지식은 계속 출현하고 과거의 지식은 빠르게 소멸되고 있다. 이런 상황에서 학습에서 중요한 것이 무엇인지 고민해야 한다. 마이크로대학, 마이크로러닝 등 빠르게 소멸되는 지식에 대처하는 것이 필요하다. 무크의 교육과정은 점점 세분화되고, 짧은 기간에 전문지식을 습득할 수 있도록 한다. 이런 학습 변화를 반영하고 학생 간의 정보격차 문제를 해소할 수 있는 교육 플랫폼이 마련되어야 한다.

포스트 코로나 시대, 교육의 핵심은 교사나 교수에서 학생으로의 '주도권 이전'이다. 학생이 스스로 자신의 학습 목표를 설정하고 학습 과정을 선택해 미네르바스쿨처럼 프로젝트 중심의 교육을 수행하는 것이다. 정해진 틀 내에서의 교육을 벗어나서 말이다. 선생님의 역할은 학생의 관심사를 이끌어내고, 장려하는 일이 될 것이다.

특히 지금까지 본 온라인 교육 외에 로봇 교사가 등장한다면 어떨까? 로봇 교사는 분명 선생님보다 더 많은 지식을 보유하고 있고, 학생들의 질문에 실시간으로 답해줄 수 있을 것이다. 이때 선생님의 역할은 지식전달자에서 지식촉진자, 동기부여자, 상담사로 바뀐다. 미래의 교육은 단순히 기술을 결합한 에듀테크뿐만 아니라 선생님의 역할 변화에도 큰 영향을 줄 것이다. 전통적 교육 시스템의 대전환이 시작된 것이다.

언택트 비즈니스: 온라인 교육

◆ 무크

칸아카데미, 유다시티, 코세라, 에드엑스, 퓨처런, 오픈업에드, K-MOOC

◆ 캠퍼스가 없는 대학

미네르바스쿨

디지털 러닝,
코칭부터 프로젝트 완료까지

GSV벤처스GSV Ventures의 CEO 마이클 모Michael Moe는 이제는 학위가 커리어를 높이는 데 있어 유일한 수단이 아니라고 말한다. 그러면서 디지털 러닝 경험을 통해 쌓은 자격증, 배지badge, 또 다른 지식 화폐knowledge currency들이 중요한 수단이 될 것이라고 강조한다. 이제 사람들은 정해진 교육만으로는 살 수 없는 상황에 있다.

코로나19는 경제를 뒤흔들었다. 곤경에 처한 기업들은 직원들을 대상으로 무급휴가를 시행했고, 비대면으로 재택근무를 할 수밖에 없었다. 하지만 이런 상황이 마냥 좋은 것은 아니다. 언제 어떻게 자신의 자리가 사라질지 모른다는 불안감으로 사람들은 집콕 속에서도 자기계발의 필요성을 느꼈다. 취업포털 잡코리아가

2017년 직장인 602명을 대상으로 한 조사결과를 보면, 직장인의 84%가 "평소 자기계발에 대한 강박감을 느끼는가?"라는 질문에 그렇다고 답했다. 이미 평생직장이 사라지고 평생직업을 찾는 시기에 코로나19는 디지털을 통해 어떻게 자신의 가치를 계속해서 높일 수 있을 것인가를 고민하게 만들었다.

특히, 기업에서는 단순 반복 업무의 빠른 처리를 위해 로봇프로세스자동화RPA, Robotic Process Automation를 도입하고 있다. 이 로봇 소프트웨어는 기업 입장에서는 업무 효율을 높여준다는 측면에서는 좋지만, 직원 입장에서는 누군가의 자리가 사라질 위기에 처할 수 있다는 인식을 심어준다. 이미 샐러던트saladent라는 말이 있을 정도로 직장인의 자기계발은 큰 관심사다. 어학, 학위 등은 과거에 직장인 자기계발의 최우선 순위였다. 그래서 주중 야간에는 석사 과정 수업을 듣고, 주말에는 어학원을 다니는 일이 많았다.

하지만 최근에는 마이클 모가 말했듯이 사람들이 학위가 아닌 다양한 온라인 클래스를 통해 커리어를 쌓고 있다. 에듀테크 기업 휴넷에 따르면, 2020년 2월 22만 명이던 학습자 수가 3월 42만 명, 4월 50만 명으로 증가했다고 발표했다. 이 수치는 3월의 경우 전년 동월 대비 152%, 4월은 129% 증가한 것이다. 이처럼 직장인들은 남는 시간을 자기계발로 활용했고 그 수단은 온라인이었다. 특히 주 52시간 근무제가 도입되면서 직장인들에게 저녁이 있는 삶이 생기면서 이러한 자기계발 욕구는 더 커졌다.

코로나19로 인한 언택트는 앞으로도 디지털 러닝에 대한 관심을 높일 것이다. 홈스쿨링을 통해서도 알 수 있었듯이, 디지털은 학습의 바탕이 되었다. 미취학, 초중교 학생을 대상으로 하는 수많은 교육 앱은 이를 잘 보여준다. 디지털 네이티브에게는 오히려 오프라인 수업보다 온라인 수업이 더 익숙하다. 3~4살 때부터 스마트폰과 패드로 유튜브를 보면서 자란 디지털 네이티브에게 대면 형태의 수업은 오히려 낯설게 느껴질지도 모른다.

이런 디지털 러닝과 관련한 업체는 많다. 탈잉, 베어유, 클래스101, 패스트캠퍼스, 퇴사학교, 러닝스푼즈 등 다양하다. 이러한 업체는 성인을 위한 온라인 동영상 학습 서비스를 제공한다. 이런 업체에서 제공하는 교육은 경영일반, IT, 금융, 디자인 등 기업에서 필요로 하는 실무역량 관련 교육부터 창업, 부업, 재테크, 취미 생활까지 다양하다. 특히 과거에는 전문 강사, 작가들만이 교육을 했다면 직장을 다니는 실무자들도 강사로 참여한다. 뿐만 아니라 강의들은 요즘 세대에 맞게 짧은 시간으로 제공한다. 긴 영상을 하나로 제공하기보다는 이를 나눠서 이해하기 쉽게 전달하는 것이다. 예컨대, 베어유는 "하루 10분으로 실무에 딱 맞는 개념부터 마스터의 노하우까지 더 나은 커리어로 발전해보세요!"라고 홍보한다.

또 기존 온라인의 한계를 보완하기 위해 코칭, 프로젝트 과제 등의 다양한 방법을 활용한다. 퇴사학교는 온라인 강의, 프로젝트 과제, 일대일 코칭을 통해 실질적인 성과가 날 수 있는 교육을 진행하고 있다. 프로젝트를 위해 강의를 듣고 과제를 수행하면 축하금을 환급받는 온라인 프로젝트 '사이클'을 운영 중이다. 클래스101도 온라인 클래스 외에 교육을 진행한 프로에게 일대일 코칭을 받을 수 있도록 했다. 교육과 관련한 자신의 과제물에 대해 프로가 코칭을 해주는 것이다.

디지털 러닝은 점차 다양해지고 있다. 사람들은 온라인 강의뿐만 아니라 온라인으로 지식콘텐츠를 구독하면서 자기계발을 한다. 지식 화폐라는 말처럼 이제 지식은 돈이 되었다. 일하는 사람들의 콘텐츠 플랫폼, '퍼블리'는 책 한 권 가격으로 한 달 동안 직장인들이 필요로 하는 지식 콘텐츠를 제공한다. 리더십 및 조직 관리, 비즈니스 전략, 소비 및 산업 트렌드, 일 잘하는 법, 커리어 경험담 등 직장인에게 필요한 세부 지식을 웹북과 기사 형태로 제공한다.

퍼블리의 유료 멤버십 회원은 25~35세가 주 고객으로 전체 회원의 약 80%를 차지하며 구독자의 40%가 중소기업 직장인이다. 특히 퍼블리 박소령 대표는 중소기업 직장인이 퍼블리를 찾는 이유에 대해 "코로나19로 일과 미래에 대한 불안감이 커지면서 이를 해소하기 위해 일부는 '일 잘하는 선배'의 경험담을 들을 수 있는 퍼블리를 찾고 있다."고 말한다. 이 서비스 역시 온라인 교육과 마찬가지로 젊은 세대를 위해 목차와 글의 분량도 가능한 적게 하고 있다.

이처럼 디지털 러닝에 대한 수요는 언택트, 밀레니얼 세대, Z 세대의 성향 때문에 꾸준히 높아질 것이다. 코로나19로 인해 변화된 삶 속에서 우리는 어떤 지적 욕구를 더 높일 것인지를 찾아봐야 할 때이다. 과거처럼 승진이 아닌 자신의 성장, 가치의 발견을 위해 디지털 러닝을 어떻게 활용할 것인지에 관해 고민해봐야 한다. 특히 직장인들의 학습에 대한 자세와 태도의 변화를 파악해 디지털 러닝 플랫폼에 적용해야 할 때이다.

언택트 비즈니스: 디지털 러닝

◆ 디지털 러닝
탈잉, 베어유, 클래스101, 패스트캠퍼스, 퇴사학교, 러닝스푼즈. 퍼블리

디지털
셀렉트

포노
사피엔스

취저
취존

취미생활

미코노미

결정장애

소부족
사회

취미
공유

취향
콘텐츠

구독해
주세요

인플루언서

구독경제

롱테일

컬렉션

팬덤

구독합니다

디지털
큐레이션

취향 콘텐츠

나만의 콘텐츠를 찾는 포노 사피엔스

PART 4

언택트 비즈니스 인사이트: 취향 콘텐츠

취향 콘텐츠는 철저히 개인적이다. 각 개인에게 맞춤화될수록 취향 콘텐츠는 사람들을 끌어들일 수 있다. 취향은 코로나19 이전, 우리가 잊고 있었던 삶의 의미와도 연결된다.

취향 플랫폼
- 그림, 조명, 식물, 공예, 장난감 등 취미 관련 온라인 콘텐츠 제공 서비스
- 차별화된 콘텐츠 확보와 커뮤니티 조성
- 패션, 옷장, 요리, 집, 영화, 책 등 개인의 취향을 공유하는 서비스
- 개인의 내밀한 취향을 찾아서 연결

구독경제
- 책, 비즈니스 그리고 개인의 콘텐츠 판매 서비스
- 콘텐츠의 전문화 및 차별화, 홍보 및 마케팅을 위한 SNS 활용

콘텐츠 구독 서비스
- 뷰티, 식품, 취미 관련 다양한 생활 제품의 구독 서비스
- 설문, 진단 등을 통한 제품의 개인 맞춤화, 실시간 모니터링

디지털 셀렉트
- 온라인 기반으로 차별화된 굿즈 판매
- 기업 브랜드, 캐릭터, 인플루언서와의 협업을 통한 서비스의 차별화

인플루언서 활용 서비스
- 인플루언서 기반의 커머스 및 콘텐츠 제공 서비스
- 유명 인플루언서 확보 및 홍보, 마케팅 지원

포노 사피엔스,
나만의 취향 찾아 삼만리

프란치스코 교황의 취임식 ©〈NBC NEWS〉

　이 사진은 2013년 3월 13일 진행된 프란치스코 교황의 취임식의 모습이다. 사람들은 취임식을 찍기 위해 머리 위로 스마트폰과 패드를 올리고 있다. 수많은 불빛이 반짝이는 이 사진은 전통과 현대의 조화를 잘 보여준다. 영국 주간지 〈이코노미스트〉는 이렇게 스마트폰을 사용하는 인간을 '포노 사피엔스Phono Sapiens'라고 불렀다. 2007년 등장한 스마트폰은 인간의 삶을 획기적으로 바꿔놓았다고 해도 과언이 아니다. 스마트폰은 24시간 사람과 같이하며, 스마트폰으로 할 수 없는 것은 이제 없을 정도다.

코로나19로 집에만 있게 되면서 사람들은 스마트폰과 붙어 다니며 디지털 시대의 편의를 누렸다. 코로나19로 여유 시간이 늘면서 그 시간을 어떻게 보낼지에 대한 고민도 함께 커졌다. 코로나19를 이야기하면 대부분 바이오·헬스케어, 재택·원격근무, 경기침체 등을 이야기한다. 그런데 일상을 돌아보면 가족과 같이 있는 시간의 증가와 함께 나 자신에 대해 생각할 시간도 많아졌다. 이는 내가 좋아하는 것은 무엇인지, 내 삶의 의미를 찾을 수 있는 취미생활은 무엇인지와 연관된다. 한편, 코로나 블루를 극복하기 위한 방안으로 자신만의 취미를 찾기도 한다. 지금의 상황은 사회적 고립으로 사람들이 무기력에 빠지기 쉽기 때문이다. 사회적 고립은 동료의 관심을 끌지 못하거나 그룹활동에 참여하지 못하는 것이다. 우리는 스마트폰으로 사람과의 대면이 줄어드는 사회에서 살고 있다. 하지만 여전히 누군가를 만나 사회적 동물로서의 삶은 필요하다.

인터넷 포탈을 검색하면, "코로나 이후 나의 일상", "모처럼 취미생활", "코로나의 순기능", "취미생활 즐기기", "코로나를 피해 즐기는 소소한 취미생활" 등 다양한 게시글이 올라와있다. 이런 글들을 보면 코로나가 사람들의 취미생활에 얼마나 많은 영향을 주고 있는지 알 수 있다. 한 예로 자신이 외향적이고 활동적이어서 자수, 그림 그리기 등은 잘 맞지 않았는데, 해보니 잘 맞았다는 사람도 있다. 또 어떤 사람은 코로나19로 너무 답답한 나머지 일상을 유익하게 보내기 위해 취미생활을 찾기도 한다. 사실 이런 것들은 지금까지 자신을 돌아볼 시간이 없었다는 것을 간접적으로 말해준다. 사실 대부분의 사람들이 갑작스레 생긴 여유시간을 어떻게 보내야 할지 모른다. 그러다 이 여유시간이 길어지면서 점차 '나를 알아가는 시간'을 갖게 되었고, 이는 취미생활로 연결되었다. 집돌이와 집순이는 마냥 집에서 누워 TV만 보는 것이 아니라 자신의 취향을 알아가게 되었다.

미국에서는 인테리어 소재로 책이 활용된다고 한다. 그 이유를 들여다보면, 화상회의나 화상 인터뷰 등이 많이 진행되는데, 이때 자신의 지적취향을 책장으로 보여줄 수 있기 때문이다. 이 또한 어찌 보면 여유시간을 보내면서 자신의 취향을 공유하고 싶은 사람들의 욕구 때문일 것이다. 이런 공유는 결국 "내 취향은 이래요."라는 것을 알려준다. 결국 취향은 지금 포노 사피엔스에게 스마트폰과 더불어 중요한 요소인 것이다. 스마트폰 속 SNS에서의 내 모습은 결국 나의 취향을 알려주는 일이다.

그래서 취미 플랫폼의 2020년 3월 이용 증가율은 전년 동기 대비 135%나 증가했다. 이런 것을 보면 사람에게 중요한 건 의미를 찾는 행위이다. 우리는 코로나19로 저차원의 굶주림보다 고차원의 굶주림에 대해 알아가고 있는 것인지도 모른다. 경영사상가 찰스 핸디Charles Handy는 《헝그리 정신》이라는 책에서 저차원의 굶주림은 제품과 서비스에 지불한 돈, 고차원의 굶주림은 삶의 목적에 대한 이해라고 했다. 우리는 가끔씩 시간이 나면 '왜 사는가'에 대해 생각하는데, 코로나19는 그 질문을 통해 자신의 취향을 발견할 기회를 제공했다. 그래서 지금 사람들은 자신만의 취향 콘텐츠를 찾아 헤맨다. 컬러링북, 홈가드닝, 방향제 만들기, 독서, 그림 그리기, 펜 드로잉, 발레, 자수, 홈 소잉, 반려식물 키우기, 캘리그라피 등 다양한 취미 콘텐츠를 즐긴다.

포스트 코로나 시대에 사람들은 취향 중심으로 자신의 삶을 설계할 것이다. 이미 개인화된 삶 속에서 취향은 중요했다. 하지만 이를 알 수 있는 시간이 부족했다. 한편으론 알고 있었지만 이를 즐길 시간이 없었다. 그저 스마트폰 속 자신의 취향에 맞는 콘텐츠를 보기만 했을 뿐이다. 이러한 변화로 비즈니스 면에서 취향을 다루는 제품과 서비스에 대한 수요는 점점 높아질 것이다. 이제 그런 서비스를 찾아봐야 한다.

나는 취향이 있다,
고로 나만의 콘텐츠를 찾는다

취저(취향 저격), 취존(취향 존중)

누구나 한 번쯤 들어봤을 단어다. 밀레니얼 세대에서 Z세대로
갈수록 집단보다 개인을 중시한다. 이런 세대들은 자신의 가치와
취향을 즐긴다. 자신의 가치와 취향은 사실 모든 사람에게 있어 중
요했다. 이전 세대는 집단에 묻혀 자신을 드러내지 못했다. 하지
만 코로나19는 자신에 대해 생각해보는 계기를 강제로 마련해줬
다. 온전히 자신을 되돌아 볼 수 있는 기회를 갖게 된 것이다. 제레
미 리프킨이 《소유의 종말》에서 언급한 미코노미Meconomy 경제가
온 것이다. 이제 사회는 개인 중심의 경제 활동이 확산되면서 취

향에 따라 모이고 흩어지는 현상이 일상화되고 있다.

조직에 속해 열심히 일하다 이런저런 이유로 조직을 떠나게 되면, 자신에 대해 생각하게 된다. 50대 이후 은퇴자의 경우 더 그렇다. 자신의 삶을 돌아보고 자신이 지금까지 중시했던 것이 무엇이었는지, 놓친 것은 없었는지 생각한다. 그 전에는 누군가의 목표를 달성하기 위해 자신에 대해 제대로 돌아볼 겨를이 없었기 때문이다. 은퇴 후 자신이 하고 싶었던 취미를 즐기는 이유도 그 때문이다.

코로나19는 꼭 밀레니얼 세대, Z세대가 아니어도 앞서 말했듯 나의 취향은 무엇이었는지를 고민하는 시간을 주었다. 나를 생각해보는 시간을 가질 때, 가장 많이 하는 것 중 하나가 여행이다. 자신과 취향이 맞는 사람과 함께 떠나는 여행은 그 어느 때보다 즐겁다. 때론 혼자 여행을 떠나도 자신의 취향을 즐길 수 있는 여행지라면 외롭지 않다. 디지털 노마드, 디지털 네이티브는 언제나 누군가와 쉽게 연결될 수 있기 때문이다.

여행 산업은 코로나19로 유래없는 불황을 맞고 있지만, 이후에는 자신의 취향을 즐길 수 있는 여행 수요가 증가할 것으로 보인다. 특히 국내 여행을 중심으로 지금까지 발견하지 못한 새로운 매력을 가진 여행지가 부상할 것이다. 특히 조용히 자신만 즐길 수 있는 장소가 각광을 받을 것으로 보인다. 이런 여행 트렌드는 표준화된 여행지와 일정을 벗어나 고객의 취향에 맞는 소규모 여행 상품이 인기를 끌 것이다. 특히 인기 있는 관광지에서의 경험을 통해 나를 돌아보고, 내 취향에 맞는 힐링을 주는 여행 스타일을 선호하게 될 것이다.

그래서 대부분의 여행전문가들은 사람들에게 잘 알려지지 않은 곳에서 현지 경험을 할 수 있는, 힐링 중심의 여행이 주를 이룰 것이라고 전망하고 있다. 여행플랫폼 마이리얼트립 이동건 대표는 "인기 있는 여행지뿐만 아니라 근교 소도시나 잘 알려지지 않은 곳에 대한 여행이 증가할 것이다. 관광객들은 유명 관광지를 방문하기보다는 현지인과 같은 경험을 하고 체험을 하는 상품에 더욱 관심을 갖게 될 것이다."라고 말한다. 이런 여행 트렌드는 여행 상품의 가격보다 가치와 취향이 중시되는 문화를 만든다.

'취향'은 이미 우리 주변에 침투해있다. 소셜 살롱 문토, 독서모임 플랫폼 트레바리, DIY 취미 키트 플랫폼 하비인더박스, 여가생활 플랫폼 프릭, 취미 플랫폼 클래스101 등 최근 몇 년간 취향과 관련된 다양한 플랫폼이 나왔다. 이외에도 취향 기반 패션 큐레이션 플랫폼 서제스티, 공유 옷장 서비스 클로젯셰어, 핸드 메이드 제품 플랫폼 아이디어스 등 취향을 공유하거나 즐길 수 있는 서비스들이 있다.

이런 플랫폼은 온라인과 오프라인에서 자신만의 취향을 찾고 즐기려는 사람들에게 다양한 취미 콘텐츠를 제공한다. 대표적으로 하비인더박스는 2016년에 설립된 곳으로, 원하는 취미를 선택하면 혼자서 할 수 있는 키트를 보내준다. 코로나19 시대 가장 안전하게 취미생활을 즐길 수 있는 셈이다. 그래서 하비인더박스는 "집콕특가 ~ 50%"라는 메뉴로 사람들이 이번 기회에 취미생활을 즐길 수 있도록 해준다. 상품 카테고리는 가죽공예, 무드등 및 네온, 미니어처, 식물, 어른이장난감, 심리 및 정서, 키즈 등 20여 개 이상이다. 어른과 아이들을 위한 수백 개의 취미 키트가 있어 가족이 함께 집콕을 버틸 수도 있다. 홈스마트에서 말했듯, 우리는 지금 홈루덴스가 왜 필요한지를 알게 되는 시간을 갖고 있는지 모른다. 하비인더박스 조유진 대표는 "여가시간이 늘면서 사람들이 기왕이면 의미 있고 성취를 느낄 수 있는 취미활동을 하고 싶어하는 추세"라고 말한다. 사람은 마음속에 자신만의 꿈을 가지고 있다. 이 꿈은 거창한 것이 아니다. 그저 소박하게 즐길 수 있는 이런 취미들이다. 자신의 취향이 반영된 취미를 통해 우리는 삶에 만족을 느끼고 행복을 누릴 수 있는 것이다.

하비인더박스 키즈 카테고리의 취미 키트 ⓒ 하비인더박스 홈페이지

하비인더박스가 처음부터 온라인 중심의 서비스였다면, 소셜 살롱 문토는 "취향이 통하는 사람들의 모임"이라는 슬로건을 가진 오프라인 기반 서비스이다. 2018년 합정에 공간을 마련한 이 소셜 모임 공동체는 건축가의 초대장, 시네마 클럽, 와인 살롱, 드로잉 살롱, 올 나잇 재즈 등 자신만의 취향을 찾는 사람들을 위한 모임을 진행하고 있다. 오프라인뿐만 아니라 온라인 문토 서비스도 런칭했다. '랜선 소셜링'이라는 이름으로 자신의 취향을 다른 사람과 온라인으로 공유할 수 있다. 최근에는 온라인 무제한 멤버십을 만들어 좀 더 많은 사람들이 취향을 공유할 수 있도록 했다. 이런 오프라인 서비스들은 코로나19로 큰 타격을 입고 있지만 온라인 서비스를 통해 대응하고 있다.

오프라인 기반의 트레바리 또한 '랜선 트레바리' 서비스를 런칭했다. 이 서비스는 매주 미션을 공개하고 이 미션을 수행해야 다음 미션 채널에 초대받을 수 있는 형태로 운영된다. 트레바리는 원래 강남, 성수, 안국, 압구정에 위치한 아지트 공간에서 자신이 원하는 클럽에서 월 1회 책을 중심으로 다양한 사람들과 관계를 맺고 취향을 공유한다. 가볍게 취향을 중심으로 모이는 '가치관'의 특성을 보인다. 이런 클럽은 함께 만들어가기도 하고, 클럽장이 이끌어가기도 한다. 2015년에 시작된 이 서비스는 창업 초기 80명에서 현재는 회원수가 6,000명을 넘었다. 클럽수 또한 300개 이상이다. 2019년 2월에는 소프트뱅크벤처스와 패스트인베스트

먼트로부터 50억 원을 투자 받아 미래 성장성 또한 인정받았다.

　이런 취향 서비스들은 20~30대가 주 고객층으로 이외에도 취향 공동체 '취향관'이 있다. 또 특정 분야를 중심으로 한 서비스도 존재한다. 요리를 위한 '목금토 식탁', 그룹운동을 위한 '버핏서울', 넷플릭스 영화와 드라마에 대한 '넷플연가', 영화감상 공유 모임 '담화관' 등도 있다. 이처럼 유럽의 살롱문화를 표방한 서비스들은 결국 취향관의 프로그램 소개처럼 '나를 발견하는 대화와 기록의 시간'을 갖는 것을 목표로 한다.

　우린 SNS 홍수 속에서 랜선라이프를 즐긴다. 한편으론 나와 상관없는, 하지만 취향을 공유할 수 있는 사람들과 대화하기를 원한다. 코로나19가 우리에게 가져다준 것은 '나를 발견할 수 있는 시간'이다. 서로 모르는 사람이지만, 부담 없이 그들을 통해 나 자신을 알아갈 수 있는 시간을 갖는다면, 이보다 더 행복한 일은 없기 때문이다. 상대방의 인적사항을 물어보지 않고 서로의 취향만을 공유한다. "어떤 일을 하세요?"라는 질문이 필요하지 않다. 알랭 드 보통Alain de Botton이 말한 것처럼 누군가와 비교를 하는 이런 세속적인 질문이 필요치 않다. 대중문화도 '대세보다 취향 중심'으로 시장이 변할 것이라고 말한다.

　이제 이런 취향 콘텐츠를 통해, 평소 가벼운 대화만 하던 직장의 삶을 던져버리고, 때론 집에서의 익숙한 삶을 벗어버리고 새로운 커뮤니케이션의 장으로 사람들은 이동할 것이다. 특히 사람들은 취향을 매개로 이합집산할 것으로 보인다. 더욱이 이번 위기를 통해 온라인에서 '어떻게 취향을 공유할 수 있는지에 대한 학습'은 취향 서비스의 새로운 발판이 될 수도 있다. 이런 취향 서비스는 운영 측면에서는 사람들이 가지고 있는 취향을 얼마나 잘 해독하느냐에 달려 있다. 랜선라이프를 지양하지만, 랜선 속에 숨은 의미를 잘 찾아야 취향 서비스가 오래도록 유지될 수 있다. 그들이 원하는 자신만의 콘텐츠를 말이다.

언택트 비즈니스: 취향 플랫폼

◆ 취미 및 여가
  문토, 트레바리, 하비인더박스, 프릭, 클래스101
◆ 취향 모임
  틸투원(서제스티), 더클로젯컴퍼니(클로젯셰어), 아이디어스, 취향관,
  목금토(목금토 식탁), 버핏서울, 세븐픽처스(넷플연가), 담화관

'구독해주세요'와
'구독합니다'

인터넷이란 신문물이 나오기 전에 사람들은 신문을 구독해서 세상의 소식을 들었다. 신문에는 경제, 사회, 문화, 정치, 기술, 환경 등 다양한 이야깃거리가 있었고, 그 이야깃거리는 나를 텍스트의 세계로 빠져들게 만들었다. 그런데 인터넷의 등장, 스마트폰의 출현으로 이제 신문은 쉽게 찾아볼 수 없고, 신문 이후 나온 무가지도 더는 볼 수 없다. 신문은 구독경제의 대표 주자였다. 〈보통사람 금융생활 보고서 2020〉을 보면, 시대가 바뀌면서 구독의 제품도 바뀌고 있다는 것을 연령대별 이용 제품의 차이로 알 수 있다. 40대 이상은 전통적인 유제품 및 음료, 신문 및 잡지가 20~30대보다 높은 비중을 차지했다. 반면 20~30대는 꽃이나 그림 및 취미용품, 화장품 및 세면용품 등이 40대 이상보다 높게 나타났다.

이제 신문은 구독이란 단어와 헤어졌다. 사람들은 '신문'보다 '뉴스'를 이야기한다. 이 단어의 변화가 주는 의미는 크다. 신문이란 그냥 인터넷을 통해 보는 서비스로 여긴다. 그러면서 세상은 다른 대상을 만나 구독하고 있다. 주변에 얼마나 많은 구독거리가 있는지 보면 놀라울 정도이다. 의식주와 관련된 모든 것이 구독할수 있는 세상이 되었다. 자동차, 책, 화장품, 맥주, 비타민, 가구, 칼럼, 뉴스, 영화, 가전제품, 음악, 셔츠, 빵, 커피 등 그 대상은 너무나도 많다. 없는 게 뭔지 찾아봐야 할 정도이다. 이 모든 게 구독해달라고 아우성이다.

어린 자녀가 있는 집은 기저귀도 쿠팡을 통해 구독한다. 최근에는 버거킹에서 햄버거 구독 서비스를 런칭했다. 주 1회, 월 4회 햄버거를 제공하는데 구독료는 기간에 따라 4,700원 혹은 4,900원이다. 관련 시장도 성장하고 있다. 글로벌 구독 시장은 스위스 투자은행 크레디트스위스에 따르면, 2015년 4200억 달러에서 2020년 5300억 달러에 달할 것으로 전망된다.

한편으로는 수많은 크리에이터의 SNS는 사람들에게 구독을 요청하고 있다. '좋아요'도 좋지만 '구독'이 더 좋다. 유튜브 영상의 첫 화면이나 마지막 화면에는 항상 구독 요청을 한다. 인스타그램은 어떤가? 사람들에게 '팔로워'를 요청한다. 수많은 디지털 노마드들은 사람들에게 구독 요청을 하고 이를 자신의 삶을 꾸려가는 원동력으로 삼고 있다. 그래서 지금의 세상을 두 문장으로 표현하라고 한다면, 단언컨대 "구독해주세요."와 "구독합니다." 라고 말할 수 있다.

이런 구독경제는 언택트 시대 최대 수혜주이다. 온라인을 통해 비정기적으로 상품을 구매하는 것과 달리 정기구독은 기업 측면에서 회사 운영의 예측성을 확보할 수 있고, 고객은 불필요하게 매번 상품을 주문할 필요가 없다. 국내 대표적인 렌탈 업체 코웨이는 미국에서 아마존의 음성 인식 플랫폼 알렉사Alexa와 연동해 공기청정기 필터 수명을 스스로 진단하고 주문 배송해주는 소모품 자동 배송 시스템 서비스를 제공하고 있다. 요즘에는 미세먼지 때문에 집에 공기청정기를 한 대 이상 보유하고 있다. 그런데 이때 가장 귀찮은 일 중 하나가 필터 교체이다. 필터 교체를 알아서 해준다니 얼마나 좋은가?

앞서 홈스마트에 대해 이야기했다. 구독은 집으로 모든 것을 불러오는 대표적인 서비스다. 그것도 정기적으로 말이다. 미국에서는 펠로톤Peloton이라는 피트니스 콘텐츠 구독 서비스 업체가 코로나19로 큰 실적을 거뒀다. 피트니스 콘텐츠 정기구독료가 129 달러인 이 회사는 전년 동기 대비 2020년 1/4분기 매출이 66%나 늘었다. 이 회사는 2012년 설립되었는데 현재 피트니스 시장의 넷플릭스라 불린다. 회원수는 2019년 140만 명 이상이며 매출은 9억 1500만 달러에 달한다. 유료 구독자 수는 2017년 10만 8,000명에

펠로톤 바이크를 타며 피트니스 콘텐츠를 보고 있는 모습 ⓒ 펠로톤

서 2019년 51만 1,000명으로 급증했다. 월 운동횟수 또한 7회에서 11회로 늘어났다.

펠로톤은 스피닝 자전거, 러닝머신, 피트니스 콘텐츠를 판매한다. 핵심은 정기구독하는 피트니스 콘텐츠다. 바이크와 트레드밀을 구매하지 않아도 콘텐츠를 구독할 수 있다. 이런 피트니스 콘텐츠는 수험생 관점에서 말하면 '헬스 인강'이다. 이 헬스 인강은 요가, 스트레칭, 사이클, 달리기, 등반 등 수천 개에 달한다. 펠로톤은 앞서 본 홈트처럼 시간적 여유가 없는 사람들을 위한 것이다. 영상은 온라인으로 실시간 제공되며 강의 시간 이후에도 무제한 수강할 수 있다. 특히 회원가입 유지 기간도 평균 13개월로 매우 높다. 우리가 피트니스 센터를 보통 3~6개월만 다닌다는 것을 생각해보면 매우 높은 수치이다. 가입유지 기간이 가장 중요한 구독경제에서는 의미가 있다.

동일한 메시지를 담고 있지만, 이런 구독의 한편에는 자신을 판매하는 구독 서비스가 있다. SNS 구독이 아닌 자신의 콘텐츠를 판다. 2010년 시작한 〈월간 윤종신〉은 매달 음악을, 2018년 시작한 〈월간 정여울〉과 〈일간 이슬아〉는 작가의 글을 정기적으로 구독하는 서비스이다. 이슬아 작가는 학자금 대출을 갚기 위해 〈일간 이슬아〉를 시작했고, 스스로를 '연재 노동자'라고 부른다. 한 달에 20편의 글을 보내주고 구독료로 만 원을 받는다. 이런 콘텐츠들은 결국 자신을 파는 서비스다. 《일간 이슬아 수필집》은 2018 올해의 독립출판에 선정되었고 1만 부나 팔렸다. 글을 구독한다는 것은 독자와의 거리를 굉장히 좁히는 일로 사실 쉬운 일은 아니다. 하지만 점점 자신만의 취향을 찾는 사람들에게 이런 작은 시장은 잠재성이 있다.

펠로톤이 상품을 팔았다면, 이런 서비스는 내가 브랜드이고 상품이 된다. 콘텐츠 또한 결국 나의 생각을 다른 사람들과 공유하는 행위가 된다. 최근에는 인스타그램을 통해 자신의 글을 구독 서비스로 판매하려는 크리에이터들도 종종 볼 수 있다. 게다가 셀프 연재를 하는 경우도 있다.

지금까지는 제품이나 서비스를 정기적으로 이용하는 것이었다면, 다른 사람의 집을 구독해보는 서비스도 있다. '남의 집'은 다른 사람의 집 안 거실로 놀러갈 수 있는 플랫폼이다. 집주인인 호스트는 거실을 공유하고, 게스트는 입장료를 내고 남의 집으로 놀러간다. 호스트는 게스트의 직업, 신청 동기, SNS 계정을 보고, 초대하고 싶은 손님을 선택할 수 있다. 소수의 사람들이 취향을 공유할 수 있는 것이다. 이 서비스는 '거실형 에어비앤비'를 표방하고 있다. 정기적인 서비스는 아니지만 이 또한 다르게 보면 다른 사람의 집 안 거실을 마음만 먹으면 정기적으로 가볼 수 있다는 점에서 또 다른 느낌의 취향 중심의 구독 서비스이다. 구독이란 의미를 좁게 해석하지 않는다면 말이다.

사실 우리는 밖으로 나가지 않고도 이미 많은 것을 누릴 수 있는 환경에 있다. 코로나19가 사회적 거리두기 환경을 만들었지만, 우리는 그전부터 자가격리에 익숙한 환경에 놓여 있어도 충분히 일상생활이 가능한 환경에 있었는지 모른다. 구독경제는 언택트 시대에 고객들의 귀차니즘을 서비스로 전환한 것이다. 주기적으로 이용하는 서비스를 편리하게 이용하도록 하기 때문이다. 아침마다 빵을 먹는 사람은 빵이 정기적으로 배달된다면 얼마나 좋을까? 빵처럼 유통기한이 있는 식품은 어찌되었든 정기적으로 사러 나가야 한다. 그런 면에서 구독경제는 온라인을 통해 고객에게 손쉽게 다가설 수 있다.

또 구독경제는 숏테일보다 롱테일에 집중한다. 사람들은 한 번에 대량 구매를 하는 코스트코를 원하는 게 아니라 소량으로 상품이 포장된 편의점을 원한다. 구독이란 게 누적이 되면 큰 부담으로 올 수 있기 때문이다. 그래서 판매자는 다수의 구독자를 확보해 저렴한 가격으로 서비스를 제공하더라도 서비스가 지속가능할 수 있도록 해야 한다. 그래서 '구독해주세요.'가 꼭 필요하다. 가능한 많이 말이다. 이런 점에서 구독 서비스는 경쟁사 상품을 자사의 상품으로 바꾸는 일보다 고객의 습관을 바꾸는 작업에 주력해야 한다. 한 번 서비스에 락인lock-in된 고객은 쉽게 이탈하지 않기 때문이다. 스마트폰, 정수기 등의 약정처럼 말이다.

언택트 시대 '구독'은 나와 사회의 거리를 디지털을 통해 좁혀주는 매개체이다. 특히 취향 중심의 가치 소비가 늘어나고 있는 상황에서 구독은 나만의 취향을 만들어가는 좋은 방법이기도 하다. 그런 면에서 구독은 고객 맞춤 서비스가 필수다. 더불어 이런 구독 서비스는 '소부족' 사회를 만들어가고 있다. '남의 집'처럼 취향을 매개로 소수의 사람들을 모이게 한다.

언택트 비즈니스: 구독경제

◆ 구독 서비스
펠로톤, 월간 윤종신, 월간 정여울, 일간 이슬아, 남의 집

디지털 큐레이션,
뱃속까지 나에게 맞춘 서비스

    코로나19는 현재 백신도 치료제도 없다. 그러다 보니 사람들은 이 바이러스에 매우 민감하다. 현재 이런 전염병을 예방하기 위해 메르스 사태 당시처럼 건강에 대한 사람들의 관심이 높다. 면역력을 강화하기 위해 건강기능식품으로 눈을 돌린다. 그런데 관련 영양제를 먹을 때면 항상 드는 의문이 있다. 이 표준화된 영양제가 정말 나에게 도움이 될까? 예를 들어, 센트룸은 성인남성, 성인여성, 키즈, 실버용 등이 있다. 그런데 나이가 같아도 식생활, 건강관리 수준 때문에 사람마다 섭취해야 할 영양분이 다를 텐데, 이것만으로 효과를 볼 수 있을까? 사실 많은 사람들이 영양제를 먹지만 그 효과는 추측만 할 뿐이다.

이때 필요한 게 맞춤 영양제 서비스이다. 이런 서비스는 코로나19를 예방하기 위해 정말 자신에게 부족한 영양분만 섭취할 수 있도록 도와줄 수 있다. 해외의 주요 서비스로는 베이즈Baze, 페르소나Persona, 케어오브Care/of가 있다. 세 개 업체 모두 맞춤서비스를 제공하지만 영양 상태를 진단하는 방법은 다르다. 페르소나와 케어오브가 간단한 고객 설문을 통해 한다면, 베이즈는 혈액 채취를 활용한다.

베이즈를 한번 살펴보자. 이 업체는 혈액 채취를 위해 고객에게 진단 키트를 배송한다. 고객은 MIT에서 개발하고 FDA 승인을 받은 키트 내 진단 디바이스를 활용하여 혈액을 채취한다. 이 디바이스는 팔에 부착해 5분 내에 혈액 채취가 가능하다. 이 키트를 다시 업체로 보내면 업체에서는 고객의 혈액을 분석해 맞춤 영양제를 매월 보내준다. 영양제는 뼈, 인지 기능, 에너지, 피부·헤어·손톱, 관절, 수면, 스트레스 등에 효과가 있는 알약으로 구성된다.

베이즈의 혈액 채취가 가능한 진단 디바이스 ⓒ Baze

이 서비스는 특히 정기적으로 영양 상태를 측정하고 관리할 수 있다. 그래서 베이즈는 "추측하지 말고 측정하라."고 이야기한다. 고객들에게 말을 하지는 않았지만 영양제의 효과를 눈으로 보여주는 것이다.

국내에도 이와 유사한 필리라는 서비스가 있다. 필리는 케어오브나 페르소나처럼 설문을 통해 영양 상태를 확인한다. 필리 사이트에서 먼저 성별, 나이 등의 기본 정보를 입력한다. 그리고 혈관·혈액순환, 소화·장, 피부, 눈 등 아홉 개의 항목 중에서 자신이 불편한 부분을 체크하면 세부 질문 이후 생활습관을 물어본다. 필리는 고객의 답변을 분석해, 고객에게 현재 필요한 영양제를 추천해준다. 2018년 런칭한 이 서비스는 2020년 4월 기준, 영양제 추천 서비스 누적 이용건수가 27만 건을 돌파했다. 젠스타트라는 업체는 이러한 맞춤형 영양제를 유전자 분석을 통해 제공한다.

영양제뿐만 아니다. 화장품도 맞춤형이 존재한다. 톤28은 고객의 집에 방문해 피부 상태를 진단한다. 유분도, 수분도, 탄력도, 색소침착 등 네 가지 피부 변수와 T존, O존 U존, N존 등 네 가지 관리 영역을 측정해 이에 맞는 화장품을 28일 주기로 고객에게 배송한다. 이 또한 앞서 본 영양제처럼 자신의 감으로 피부상태를 판단하고 화장품을 선택하는 것이 아닌 데이터를 통해 개인 맞춤 화장품을 추천한다. 이 서비스는 2016년 런칭된 후, 2019년 12월 기준, 약 3만여 명이 피부측정을 받았다. 특히 두 차례에 걸쳐 아모레퍼시픽으로부터 40억 원 규모의 투자를 받았다. 이런 서비스들은 결국 나보다 나를 잘 아는 서비스가 된다. 어쩌면 진짜 나의 취향을 찾아줄지도 모른다.

사람들이 하루에 한 잔은 꼭 마시는 커피는 또 어떤가? 미국의 트레이드 커피Trade Coffee는 커피를 구독할 수 있다. 미국 전역에 있는 50여 개의 최고 로스터리 카페들과 협업하여 400여 종 이상의 원두를 공급받는다. 게다가 여섯 개의 질문을 통해 개인의 취향을 파악해 원두를 추천해준다. 트레이드 홈페이지에 들어가면 취향 파악을 위한 설문을 할 수 있다. 커피 경험 수준, 집에서 커피를 어떻게 만들어 먹는지, 우유 및 설탕 등 커피에 추가하는 것은 무엇인지, 원두 로스팅의 수준이나 커피 취향 등의 질문으로 구성되어 있다. 첫 구독 시에는 30% 할인까지 해준다. 12온스짜리 커피 원두 한 봉지는 145달러로 구독 주기는 1~3주로 선택할 수 있다.

지금까지 본 구독 서비스의 핵심은 고객 맞춤이 어느 정도까지 가능한가이다. 앞서 보았듯이, 영양제를 만든다면 센트룸처럼 몇 개의 고객군으로 분류할 수 있다. 아마도 이게 고객 맞춤 1단계이다. 2단계는 식습관, 건강 등에 대한 설문을 통해 이루어진다. 3단계는 혈액 채취나 유전자 분석을 통해 고객 설문에서 파악할 수 없는 고객의 현재 상태를 진단하는 것이다. 고객도 설명할 수 없는 고객의 상태를 파악한다. 화장품도 마찬가지다. 건성, 지성, 복합성 등의 유형이 있지만, 사람에 따라, 얼굴 부위에 따라 피부상태가 다를 수 있다. 또 그 사람의 타고난 피부 자체도 다를 수 있다. 이때 유전자, 피부상태, 기타 생활양식 등 다양한 면에서 고객 데이터를 확보해 어떻게 피부를 관리해야 하는지에 대한 해결책이 필요하다. 포스트 코로나 시대에 고객들은 점점 자신에게 딱 맞는 서비스를 받길 원할 것이기 때문이다.

게다가 디지털화가 가속화되면 디지털 네이티브가 아닌 다른 세대들도 모든 분야에서 디지털화에 익숙해지고, 이러한 맞춤 서비스에 익숙해지면 나만을 위한 디지털 큐레이션 서비스는 당연하게 여기게 된다. 특히 병원에 가지 않아도 병원에서 진단을 받는 수준의 서비스를 원할 것이기 때문이다. 서비스 수준에서 극도의 차별화가 되지 않는다면, 다른 극단에 있는 가성비가 높은 서비스의 개발이 필요하다. 맞춤화는 버리고 가격 대비 품질에만 초점을 두는 것이다. 많은 미래 전문가들이 앞으로 양극화가 더욱 심해질 것이라고 전망한다. 서비스 또한 마찬가지다. 어중간한 맞춤 서비스는 다른 경쟁자와 차별화될 수 없다. 후발주자들이 금방 모방할 수 있기 때문이다. 이제 디지털 큐레이션은 선택이 아닌 필수다.

언택트 비즈니스: 콘텐츠 구독 서비스

◆ 디지털 큐레이션

베이즈, 페르소나, 케어오브, 필리, 톤28, 트레이드 커피

디지털 셀렉트,
나만의, 나만을 위한 컬렉션

디지털 시대가 과거와 다른 점은 정보의 양이 기하급수적으로 증가한다는 것이다. 국제통계사이트 월드오미터Worldometer의 실시간 통계를 보면, 2020년 5월 13일 기준 세계 인터넷 사용자는 45억 명 이상, 발송된 이메일은 1300억 개 이상이다. IT 시장조사업체 IDC는 2025년 데이터 생산량은 약 170제타바이트로 2015년 10제타바이트와 비교할 때, 열일곱 배나 증가할 것으로 예측된다. 데이터량 증가에 따라, 국내 데이터 산업은 연평균 7%의 증가율을 보이며 2024년 23조 원 규모의 시장을 형성할 것으로 전망된다. 이러한 정보량에 가장 많은 영향을 준 것 중에 하나가 SNS다. 트위터, 페이스북, 유튜브, 인스타그램, 카타오톡, 밴드 등 SNS에 사람들이 올리는 글은 가히 폭발적인 정보량의 증가를 가져왔다.

　코로나19는 언택트 라이프를 만들었고, 이로 인해 우리는 지금도 SNS를 통해 수많은 사람들과 소통하며 자신이 필요한 콘텐츠를 검색, 소비하고 있다. 정보가 많다 보니, 사람들은 정보의 소용돌이에서 어떤 것을 해야 할지 모를 때도 있다. 한편으로는 자신에게 필요한 정보는 저장한다. 인스타그램을 보다가도 마음에 드는 옷, 문구 등이 있으면 해당 게시글을 저장한다. 이렇게 저장하다 보면 어느새 자신의 인스타그램에 쌓여 있는 게시글은 수십, 수백 개가 된다. 언택트가 가속화될수록 우리는 수많은 정보로 인해 어떤 것을 선택해야 할지 모르는 '결정 장애'에 걸린다. 그런 면에서 사람들이 수많은 디지털 정보 중에서 자신이 원하는 것을 찾을 수 있도록 해주는 '디지털 셀렉트'가 필요하다. 이때 가장 좋은 방법 중 하나는 모든 것을 보여줘서 인스턴트 음식처럼 생각날 때마다 꺼내 먹도록 하게 하는 것이다.

　전자책 업체 리디북스는 "베스트셀러부터! 프리미엄 아티클까지"라는 슬로건을 가지고 리디셀렉트 서비스를 2018년에 런칭했다. 이 서비스는 초기에는 매월 9,900원을 지불하면 보고 싶은 전자책을 무료로 볼 수 있게 해줬다. 최근 들어서는 아티클로 그 영역을 확대하며 사람들의 지적 욕구를 자극하고 있다. 이 콘텐츠 구독 서비스는 매월 정액으로 이용하며 어떤 콘텐츠든 마음껏 볼 수 있다. 사람들이 이런 서비스를 이용하는 이유는 초기 비용 부담을 덜어주기 때문이다. 한편으론 자신이 어떤 콘텐츠를 이용해야 하는지 잘 모르기 때문이기도 하다. 일단 만 원 미만만 지출하면 자신의 상황에 따라 취향에 맞는 콘텐츠를 보면 된다.

이와 유사한 밀리의 서재라는 업체는 또 어떨까? 이곳 또한 전자책 정기구독 서비스를 하고 있다. 또 종이책 정기구독 서비스를 진행하는데, 두 달에 한 권 한정판 종이책을 받아볼 수 있다. 또 밀리의 서재에 있는 5만 권에 달하는 전자책을 무료로 볼 수 있다. 이외 유명 작가와의 챗북 인터뷰, 북클럽 서비스까지 사람들이 원하는 만큼 서비스를 추가로 제공한다. 이렇게 업체가 가지고 있는 디지털 콘텐츠를 제공하고 일정 금액을 받는 이러한 서비스는 사람들에게 "모든 게 다 있으니, 일단 가입해 봐."라는 메시지를 던진다. '무제한'이라는 키워드는 사람들의 결정 장애를 해결해줄 수 있는 만능키이다. 사람들은 '그래, 일단 가입해서 내가 원하는 게 있으면 보면 되지.', '이용하다 보면 필요한 게 있겠지.'라고 생각하며 가입을 한다.

언택트 시대, 사람들은 점점 디지털 셀렉트를 위한 장을 마련해주는 곳을 선호할 것이다. 《송은이 & 김숙의 비밀보장》, 《결정 장애 세대》, 《우유부단의 심리학》 등의 책들은 결정 장애를 안고 있는 사람들을 위한 것이다. 모든 사람이 자신의 취향을 제대로 파악하고 자신이 원하는 것을 잘 안다면 좋겠지만 세상은 그렇지 않다. 취향 서비스의 역할이 여기서 나온다.

한편, 자신만의 확고한 취향이 있는 사람들은 원하는 것을 정확히 찾아간다. 그들은 SNS를 보더라도 자신의 취향에 맞는 사람들의 SNS에 구독, 좋아요 등을 표시하고, 게시글을 공유하며 저장한다. 자신이 지금 당장 보지 않더라도 언젠가는 보겠다는 생각으로 공유와 저장을 통해 자신만의 취향 컬렉션을 만들어간다. 책도 자신이 좋아하는 출판사의 북클럽에 가입하여 정기적으로 책을 구독한다.

페이스북만 보더라도 국내외 뉴스, 동영상, 유명인과 페이스북 친구의 게시글 등을 공유하며 나의 취향을 수집한다. 인스타그램은 어떤가? 리그램을 하면서 인친(인스타그램 친구)의 게시물을 공유하고, 때론 저장한다. 그래서 기업들은 사람들의 취향을 파악하기 위해 고객관찰, 설문, 인터뷰까지 다양한 방법을 시도한다. 기업은 고객의 취향을 파악해 제품과 서비스에 반영하고 이를 통해 브랜드에 대한 팬덤을 만든다. 가장 대표적인 게 굿즈goods이다. 사람들은 이제 스타벅스 커피보다 스타벅스 굿즈를 소장하기 위해 커피를 마신다. 스타벅스 다이어리는 남녀노소 할 것 없이 매년 받아야 할 굿즈가 되었다. 스타벅스에서는 최근 한 고객이 음료 열일곱 잔을 마시면 주는 썸머 레디백 가방을 얻기 위해 커피약 300잔을 구매해 가방 열일곱 개만 가지고 간 일이 이슈가 되었다. 굿즈의 위력이 얼마나 대단한지 보여준다. 또 카카오프렌즈, 라인프렌즈 등의 오프라인 매장은 사람들이 굿즈에 얼마나 많은 관심을 가지는지 알 수 있다.

사람들은 '나만의 픽'을 통해 고유의 컬렉션을 만들고 싶어한다. 여기서 중요한 건 가격이 아니다. 가치다. 덕후, 덕질은 이를 잘 보여주는 용어다. 덕후는 나만의 정체성을 보여주고 공유하면서 이를 매개로 약한 연결 관계를 갖고 소통하며 취향을 공유한다. HS 애드의 조사에 따르면, 2011~2017년까지 '굿즈'와 '갖고싶다' 간의 언급량이 동반 상승한 것으로 나타났다. 굿즈의 연관어(2016~2017년)를 보면, '최애', '탕진잼', '애정' 등 자신만의 가치에 관심을 가지고 있는 것을 알 수 있다. 이외 펜, 플래너 등의 문구 덕후는 나만의 컬렉션이 얼마나 중요한지를 보여준다.

이런 덕후는 기업에게 최고의 프로슈머로 그들의 니즈는 상품 개발에 중요하다. 롯데백화점은 2020년 4월 코로나 Free 캐릭터 상품을 롯데온에 선보였다. 이 상품은 방탄소년단과 라인프렌즈가 함께 만든 BT21 캐릭터 상품으로 파우치, 카드홀더, 문구류 등 다양하다. 방탄소년단 덕질을 위한 덕후 마케팅의 일환이다.

지금까지 본 디지털 셀렉트는 결국 취향이 어떻게 비즈니스로

BT21 동영상 ⓒ BT21

연결될 수 있는지를 보여준다. 온라인과 오프라인을 떠나 나만을 위한 컬렉션을 갖는 것이 포스트 코로나 시대에 더 중요해졌다. 코로나19는 나만의 덕질을 하기 위한 충분한 시간을 마련해준 셈이다. 밖으로 나가지 못하지만 SNS를 통해 자신의 취향을 공유하며 사람들과 커뮤니케이션한다. 휴식은 곧 덕질이다. 그들에게 휴식은 잠을 자거나 아무것도 하지 않는 것이 아니다. 콘텐츠를 소비하는 사람들은 그냥 콘텐츠를 사용하는 게 아니라 수집한다. 이를 통해 자신의 취향이 무엇인지 명확히 보여준다.

비즈니스에서 고민해야 할 사항은 어떻게 취향 비즈니스에서 차별성을 확보할 것인가이다. 오프라인의 감성을 가져오던, 밀리의 서재처럼 밀리 오리지널 콘텐츠를 제공하던 덕후를 유혹할 수 있는 콘텐츠가 필요하다. 밀리의 서재가 김영하 작가의 소설을 단독 공급하고 넷플릭스가 오리지널 콘텐츠를 제작해 제공하는 것처럼 디지털 셀렉트를 위한 차별화된 콘텐츠 제공이 필요하다. 일단 내 취향과 맞는다면 서비스는 지속 발전할 수 있기 때문이다.

┌── 언택트 비즈니스: 디지털 셀렉트 ──────────

◆ 디지털 셀렉트
  리디북스, 밀리의 서재, 출판사 북클럽
◆ 컬렉션
  카카오프렌즈, 라이프렌즈, 스타벅스, 롯데백화점(롯데온)

인플루언서와 팬덤,
'상품과 서비스'보다 '사람'이 우선

인플루언서 전성시대다. 인플루언서는 SNS에서 영향력이 높은 사람을 뜻한다. 2019년 초중교 진로교육 현황조사결과에는 새로운 직업이 하나 등장했다. 바로 초등학생 희망직업 3위에 크리에이터가 등장한 것이다. 그만큼 인플루언서를 꿈꾸는 사람이 많아졌다.

유튜브 크리에이터를 꿈꾸는 사람은 초등학생뿐만 아니다. 성인도 유튜브 채널을 개설하며 크리에이터 시장에 뛰어든다. 그래서 인스타그램, 브런치 같은 SNS에는 인플루언서를 꿈꾸는 사람이 많다. 이들은 다양한 글을 쓴다. 특히 영향력이 높아지면 출판사를 통하지 않고 자신이 출판사를 만들어 책을 출간하기도 한다.

인플루언서의 영향력이 기존 산업에 어떤 영향을 미치고 있는지를 잘 보여준다. 책뿐만 아니라 다양한 뷰티 및 건강 제품도 마찬가지다.

인플루언서 마케팅 플랫폼 마브르크Mavrck에 따르면, 인플루언서는 팔로워 규모에 따라 메가mega, 매크로macro, 마이크로micro로 구분된다. 메가는 5,000명, 매크로는 3만 2,000명, 마이크로는 1500만 명이다. 이런 인플루언서 관련 시장 규모는 급증하고 있다. 인플루언서 마케팅회사인 미디어킥스Mediakix에 따르면 기업이 인플루언서에게 지출한 비용이 2015년 5억 달러에서 2019년 41억~82억 달러에 달할 것으로 추정하고 있다.

크리에이터는 코로나19 시대 더할 나위 없이 좋은 직업이다. 집을 스튜디오처럼 꾸미고 자신의 콘텐츠를 마음껏 전달하면 되기 때문이다. 온라인 외에 누군가와 말할 수 없는 상황에서 이러한 크리에이터는 친구이자 가족이다. 정기적으로 올라오는 유튜브 영상을 통해 그들과 소통하며 사회적으로 격리된 상황의 외로움을 조금이라도 해소할 수 있다. 보람튜브 토이리뷰, 박막례할머니, 대도서관TV, 쯔양 등과 같이 수 백만 명의 구독자를 가진 유튜버의 영향력은 막강하다. 장난감, 먹방, 게임, 일상 브이로그와 관련된 이런 영상 외에 지식을 전달하는 채널도 존재하는데, 이런 채널에서 전달하는 지식은 더 큰 영향력을 발휘한다. 김미경TV, 라이프해커 자청에서 언급된 책들은 모두 베스트셀러가 되었다.

인플루언서의 영향력이 막강한 것은 그만큼 자신의 취향과 맞기 때문이다. 수많은 크리에이터 중 자신과 취향이 맞는 크리에이터의 말은 절대적이다. 유튜브셀럽, 인스타셀럽은 인플루언서의 영향력을 보여주는 대표적인 단어다. 인플루언서는 팬덤 경제의 한 축이 되었고, 팬슈머, 팬노베이터, 펜타이 등의 신조어가 만들어졌다. 팬슈머는 프로슈머처럼 상품 기획 및 제작에 참여하기도 하고 팬들의 아이디어로 제품을 만들어 팬노베이터를 만들어내기도 한다. 또 팬과의 끈끈한 유대관계가 형성되어 팬이 경제의 핵심 축으로 자리잡는다.

네이버는 2020년 2월 '인플루언서 검색' 서비스를 출시했다. 이 서비스는 분야별 전문 창작자들이 네이버 검색 결과에 직접 참여하여 만들어가는 검색 서비스로 네이버 블로그뿐만 아니라 인스타그램, 유튜브 외부 채널도 연결되어 있다. 키워드 챌린지와 인플루언서 홈으로 구성되어 있는데, 키워드 챌린지 분야는 여행, 스타일, 음식, 기술, 라이프, 게임, 동물 및 펫, 스포츠, 엔터테인먼트 등 다양하다.

인플루언서를 활용한 서비스는 아마존에서도 볼 수 있다. 아마존은 인플루언서를 활용해 자사 제품의 판매를 촉진하고 있다. 2017년 시작한 '아마존 인플루언서 프로그램'은 유튜브, 페이스북, 트위터, 인스타그램 계정을 가지고 있으면 누구나 참여 가능

아마존 인플루언서 프로그램 ⓒ아마존 어필리에이트 프로그램

하다. 아마존에 자신의 상점을 만들고 제품을 공유해 판매하면 수익 창출이 가능하다. 판매 수수료는 제품에 따라 1~10%까지 다양하다. 아마존 같은 글로벌 선도기업이 인플루언서를 활용하는 이유는 인플루언서를 통한 구매전환률이 높기 때문이다. 이는 인플루언서 팬덤의 영향력을 간접적으로 보여준다.

인플루언서는 상품뿐만 아니라 앞서 봤듯이 '지식 습득'에도 영향을 미친다. 지금의 10~20대는 유튜브, 인스타그램을 많이 사용하는데, 이들에게 이런 SNS는 과거의 백과사전, 네이버 지식인만큼 위대한 존재다. 유튜브가 단순히 영상 채널이 아닌 검색 채널로 전환된 것도 같은 맥락이다. 사람들의 지식 습득 방식은 과거와 완전히 달라졌다. 프롤로그에서 언급한 브리태니커 백과사전은 사람들의 기억 속에서 사라지고 있다.

이제 사람들은 책이나 포털 인터넷 검색을 넘어 유튜브 검색

168

을 통해 조금 더 쉽게, 크리에이터와의 대화를 통해 지식을 습득한다. 그래서 이런 영상들의 재생시간은 10~15분 남짓이다. 요즘 세대가 긴 영상을 좋아하지 않을뿐더러 짧고 간단한 메시지에 익숙하기 때문이다. 인스타그램도 영상의 영향력이 높아지자 이미지 중심에서 1분짜리 영상으로, 이제는 한 시간짜리 영상까지 올릴 수 있도록 서비스를 강화했다.

이제 누구든 자신의 채널을 가질 수 있고, 자신의 콘텐츠를 전달할 수 있다. 그 콘텐츠가 누구의 것이든 말이다. 이런 인플루언서의 영향력은 "전문가란 무엇인가?"라는 질문을 하게 된다. 지식 콘텐츠를 전달하는 비즈니스에서 인플루언서는 새로운 혁신이 되었다. 단순히 전문가가 유튜브 채널을 개설하고 알리는 것 외에도 어떻게 구독자나 팔로워와 커뮤니케이션할 것인가의 문제다. 지식 전달보다 공감대 형성이 우선되었다. 사람들의 이런 성향은 《컨테이저스 전략적 입소문》의 저자 조나 버거Jonah Berger가 말한 SNS 마케팅의 여섯 가지 핵심 법칙과 연결된다.

1. 소셜 화폐의 법칙: 타인에게 좋은 인상을 남기는 이야기 공유
2. 계기의 법칙: 머릿속에 쉽게 떠오르는 것을 공유
3. 감성의 법칙: 마음을 움직이는 감성적 주제 공유
4. 대중성의 법칙: 눈에 잘 띄는 것을 모방하고 공유
5. 실용적 가치의 법칙: 타인에게 도움이 될 만한 유용한 정보 공유

6. 이야기성의 법칙: 흡입력 강하고 흥미진진한 이야기 공유

이 여섯 가지 법칙의 핵심은 사람들은 쉽고 가시적인 감성적 이야기에 반응한다는 것이다. 인플루언서도 마찬가지다. 사람들이 인플루언서에 열광하는 이유는 그들의 지식이 아닌 그들의 감성어린 커뮤니케이션에 있다. 네이버포스트, 페이스북, 인스타그램의 카드 뉴스는 이런 여섯 가지 법칙에 기반할 때 수많은 사람에게 공유된다.

사람들은 책과 학교에서 배우던 지식을 이제 SNS를 통해 더 많이 배운다. 과거 궁금한 것이 있으면 "네이버 지식인에게 물어봐."처럼, 이제는 "유튜브에게 물어 봐."가 되었다. 이제 지식은 누구의 지식인지가 중요한 게 아니라 누가 이 지식을 나에게 알려줬는지가 더 중요하게 되었다. 포스트 코로나 시대, 지식 콘텐츠를 전달하는 비즈니스는 '지식과 전문가'가 무엇인지에 관해 고민할 때다. 기업뿐만 아니라 개인도 마찬가지다. 전문가도 자신이 보유한 콘텐츠를 어떤 형태로, 어떤 채널로, 어느 정도의 길이로 전달할 것인지 생각해야 한다.

팬덤이 형성될 때, 콘텐츠는 수익으로 연결될 수 있고, 그 수익은 깊이 있는 지식을 전달할 수 있는 발판이 된다. 어쩌면 지식 콘텐츠 비즈니스는 수익을 고민해야 할 게 아니라 지식의 전달 방법을 먼저 고민해야 할지 모른다. 접근성이 떨어진 지식은 결국 사람들에게 다가가지 못하기 때문이다.

언택트 비즈니스: 인플루언서 활용 서비스

◆ 인플루언서
아마존(아마존 인플루언서 프로그램), 네이버(인플루언서 검색)

생산성
포커스

재택
원격근무

외로움
고립감

무인화

원격
화상회의

로봇

일하는
방식의 혁신

스마트
퍼포먼스

무인 매장

스마트워크

협업 툴

키오스크

빅데이터

RPA

AI면접

디지털
전환

생산성 포커스

디지털 조직, 스마트 퍼포먼스를 꿈꾸다

PART 5

언택트 비즈니스 인사이트: 생산성 포커스

생산성 포커스는 언택트의 확산에 따라, 기업이 일하는 방식의 혁신에 중점을 둔다. 일하는 방식은 인간의 일을 기계로 대체하는 것까지 포함한다. 언택트로 인해 일하는 방식은 바뀌었지만 기업의 생산성 제고라는 본질은 바뀌지 않았다.

비대면 면접
- AI로 구직자에 대한 면접 및 평가 서비스
- AI 기반 채용 결과와 실제 업무 성과와의 관계 검증, 조직문화의 적합성 확보
- 구직자를 위한 AI 채용 대비 서비스
- 업종, 직무, 면접방법에 따른 적합한 평가 및 피드백 제공

재택·원격근무
- 재택·원격근무를 위한 클라우드, 화상회의, 협업툴 등 IT 인프라 및 솔루션
- 기업 규모에 따른 업무 효율성 및 성과 검증

직원 심리 상담 서비스
- 재택·원격근무에 따른 직원의 외로움·고립감 해소 상담 서비스
- 조직의 문화와 연계한 직원 상담, 개인별 맞춤 상담

업무 자동화
- 로봇 기반의 사무자동화 서비스
- 기업 내 RPA 관련 업무 발굴, 지능형 RPA 서비스 개발

무인화 솔루션
- 서비스의 무인화를 위한 솔루션 제공 서비스
- 빅데이터, AI 기술을 통한 사람과의 원활한 커뮤니케이션, 사용자 편의성 제고

채용도 언택트한
AI 면접으로

AI는 최근 가장 인기 있는 키워드 중 하나이다. 코로나19로 언택트가 확산되고 있는 상황에서 AI의 주가는 한없이 치솟고 있다. AI는 빅데이터, 로봇 등 4차 산업혁명에 있어 중심에 있을 뿐만 아니라 비대면에 따라 데이터로 사람을 분석해야 하는 일이 많아졌기 때문이다. 이미 삼성과 LG 등 국내 대기업은 AI 인력 양성, 전문가 채용에 열을 올리고 있다. 삼성전자 이재용 부회장은 4대 미래성장 사업의 한 축으로 인공지능을 설정하고, 삼성 AI 포럼을 열기도 했다. 뿐만 아니라 AI 분야의 석학인 미국 프린스턴대학교 세바스찬 승 교수, 하버드대학교 위구연 교수, 코넬대학교 다니엘리 교수 등을 영입했다.

기업에서 쉽게 접할 수 있는 분야는 채용이다. 급변하는 미래에 대응하는 데 있어 좋은 인재를 채용하는 것만큼 중요한 일은 없다. 코로나19는 기업이 필요로 하는 인재를 선발하는 데 있어 비대면이라는 장애물을 만들었다. 그 결과 현대차, SK이노베이션, 이베이코리아, 우아한형제들 등의 기업은 화상면접을 실시하기로 했다. 위기 속에서도 적시에 인재를 채용하는 것은 중요하기 때문이다.

이 같은 채용에서 공정성은 핵심이다. AI는 면접관의 주관적인 판단이나 편견이 개입될 수 있는 상황을 방지해, 지원자에 대해 객관적인 평가를 할 수 있도록 도와준다. 구인구직 매칭플랫폼 사람인이 조사한 바에 따르면, 응답자의 60%가 채용과정에서 "공정성을 강화해야 한다."고 답했다. 특히 AI가 채용과정에서의 불공정한 평가를 방지하는 데 도움이 될 것이라고 54%가 응답했다. 뿐만 아니라 44%는 "AI 평가 시스템을 도입할 의향이 있다."고 말했다. 채용 평가에서의 문제는 평가 요소가 아니라 평가 자체의 문제이기 때문이다.

이것뿐만 아니다. AI 면접은 비대면으로 진행되기 때문에 언택트 시대에 효과적이다. 기업 대상 조사결과, '온라인 채용전형 도입'에 대해 31%가 온라인 채용 전형을 진행 중이거나 도입할 의향이 있는 것으로 나타났다. 코로나19의 장기화 가능성에 따라 신규 채용을 언제까지고 중단할 수는 없기 때문이다. 이로 인해 AI

채용 서비스 도입 기업은 증가하고 있다. 마이다스아이티에 따르면, AI역량검사를 도입한 기업은 2018년 70곳, 2019년 200곳, 2020년 3월까지 300여 곳으로 늘어났다. AI 면접은 컴퓨터의 웹캠과 마이크를 통해 지원자의 표정, 말투, 행동을 분석해 해당 조직에 필요한 인재를 선발한다. 국민은행은 은행권에서 최초로 2018년 하반기 신입행원 채용에 온라인을 활용한 AI 면접을 실시했다. 신한아이타스는 자본시장 업계 최초로 AI역량검사를 도입했다. 채용과정에서의 AI 활용은 언택트 시대 최적화된 채용 시스템이다. 마이다스인의 AI 채용 솔루션 inAIR는 지원자의 얼굴인식, 표정 및 감정분석, 지원자의 음성분석, 답변에 대한 핵심 키워드 추출, 감정어휘 분석, 안면 색상, 맥박 및 심장박동 등을 분석해준다. 이를 통해 인재 선발의 정확도를 높인다. 이외에 자기소개서를 평가해주는 인공지능 기반의 SK C&C의 에이브릴Aibril이 있다.

해외에서는 링크드인Linkedin이 코로나19로 구직이 어려운 사람들을 돕기 위해 2020년 5월 AI를 활용한 면접 연습 도구를 공개했다. 이 도구는 마이크로소프트의 AI 코칭툴인 프레젠터 코치Presenter Coach를 활용한다. 이를 통해 습관적 단어, 분당 단어 수, 말의 속도, 억양과 관련해 조언한다. 국내에도 사람인의 아이엠그라운드 앱이 유사한 서비스를 제공한다. 이 앱은 구직자의 모의 면접 영상을 분석해 표정, 목소리, 발음, 속도, 시선, 언어적 분석, 표절률 등을 분석해주고 면접을 위한 코칭을 제공한다.

링크드인의 AI 기반 면접 연습 도구 © Linked In 블로그

이렇게 AI는 언택트 시대, 기업 채용에서 중요한 도구로 자리 잡을 것이다. 대면을 통한 면접도 분명 필요하지만, 대면 면접의 단점 또한 명확하기 때문이다. 다만 기술적인 분석 중심의 AI 면접을 통해 지원자가 해당 기업에 얼마나 적합한 사람인지 판단할 수 있는가에 대한 고민도 필요하다. 역량 평가는 기술적 분석으로 가능하지만, 지원자와 기업 간의 문화적 측면에서의 적합성은 여전히 어려운 문제이기 때문이다. 지원자 입장에서도 AI의 평가 기준이 명확하지 않다면, 채용의 공정성 문제는 더 불거질 수 있다. 그래서 초기 AI 면접을 도입했던 기업 중 일부는 AI 면접에 대한 검증을 위해 이를 잠시 중단했다. 사람과 AI 중 누가 더 지원자의

역량에 대해 객관적으로 평가하면서도 기업 문화에 적합한지를 판단할 수 있을지는 두고 볼 일이다.

언택트 시대에 AI 면접은 채용에 있어 핵심 도구인 것은 분명하다. 기존에는 단순히 있으면 좋은 도구였지만, 앞으로는 꼭 있어야 할 도구가 될 것이기 때문이다. 하지만 이를 도입했을 때 기업은 운영의 효율성을 얼마나 높일 수 있는지, 채용한 인재의 일 년 이내 퇴사율은 얼마나 되는지, AI 면접 결과와 직무 성과 간의 관계는 높은지 등의 검토가 필요하다.

언택트 비즈니스: 비대면 면접

◆ AI 면접
마이다스인, 사람인, SK C&C, 링크드인

재택·원격근무,
일하는 방식의 혁신은 가능할까?

"머지않아 수많은 사람들이 사무실이나 공장으로 출근하는 대
신 가정에서 일하게 될 것이라고 말하면 즉각 세찬 반론이 제기
될 것이다."

앨빈 토플러의 《제3물결》의 한 문장이다. 지금으로부터 40년
전에 출간된 이 책은 미래에는 재택근무가 확대될 것이라고 봤다.
하지만 재택근무는 여전히 어려운 문제다. 일이란 대면을 해야 한
다는 사고가 뿌리 깊게 자리잡고 있기 때문이다. 하지만 코로나19
는 재택·원격근무의 필요성을 높였다. 코로나19 확진자의 출근으
로 직장이 폐쇄되면 더 큰 손실을 입을 수 있기 때문이다. 소셜미

디어 트위터의 CEO 잭 도시Jack Dorsey는 2020년 5월 "원하는 직원은 앞으로 계속 재택근무를 선택할 수 있다."라는 이메일을 전 직원에게 보냈다. 코로나19 이후에도 재택근무를 장려한 것이다. 국내 기업들도 코로나19 이후 재택·원격근무를 추진 중이다.

시간과 장소에 구애받지 않고 자유롭게 일하는 재택·원격근무는 코로나19 이후 확산되고 있다. 네이버, 카카오, SK텔레콤 등 IT 대기업을 중심으로 도입되고 있다. SK텔레콤은 최근 원격근무를 할 수 있도록 수도권에 거점 오피스 네 곳을 마련했고, 2020년 연말까지 열 곳으로 늘릴 계획이다. 이 오피스에는 AI 기반 얼굴인식 시스템, 모바일 PC, 화상회의 시스템 등이 구축되어 있어 사무실에 출근하지 않고도 업무가 가능하다.

NHN도 2020년 2월 말 재택근무를 실시했다. 5월에는 수요 오피스 제도를 시범 도입했다. 이 제도는 매주 수요일, 원하는 장소에서 일을 할 수 있도록 하는 것이다. NHN 외에 NHN페이코, NHN빅풋 등의 계열사 대상으로도 시범 운영한다. 중소업체들도 이 제도에 동참하고 있다. 노동부는 중소·중견기업의 유연근무제 지원을 위해 노무비를 지원하는데, 지원금 신청이 2월 중순 이후 급격히 증가했다. 사람인이 국내 1,089개 기업을 대상으로 2020년 3월 실시한 "코로나19 확산 방지를 위한 재택근무 실시 의향" 조사에서도 알 수 있다. 응답 기업의 40%가 재택근무를 실시 중이거나 도입할 계획이라고 했다. 기업 규모별로 보면 대기업은 60%,

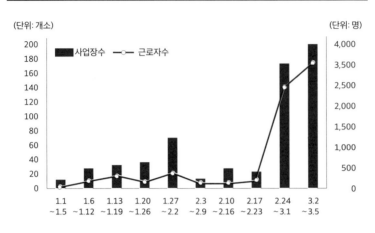

2020년 유연근무제 지원신청 추이

(단위: 개소) (단위: 명)

© 고용노동부

중견기업은 50%, 중소기업은 36%로 나타났다.

해외는 오래전부터 재택·원격근무가 자리를 잡았다. 미국과 유럽은 노동자 네 명 중 한 명이 재택·원격근무를 할 정도이다. 일본의 도요타 경우에도 2016년 재택근무제를 도입해 전체 직원의 30%에 해당하는 사무직, 연구개발 담당 직원들은 일주일 동안 단 두 시간만 회사에 나오면 된다. 이를 통해 구성원들은 효율적으로 업무할 수 있는 일하는 방식을 찾아간다. 코로나19로 '사회적 거리두기'가 진행되면서 직원 간에 얼굴을 맞대고 일하는 모습을 찾아볼 수 없다. 아침이면 진행되었던 회의, 고객과의 미팅, 아이디어 워크숍 등 다양한 대면 형태의 업무는 자취를 감췄다. 대신 화상회의, 이메일, SNS 등 비대면으로 업무방식이 전환되었다. 직장에서도 넥스트 노멀이 시작된 것이다.

통계청 자료에 따르면, 2019년 기준 '재택·원격근무' 경험자는 9만 5,000명으로 10만 명 미만이었다. 국내는 사실 재택·원격근무가 정착되기 어려운 구조였다. 서양 문화와 달리 동양 문화는 고맥락 문화다. 직설적인 커뮤니케이션 방식을 사용하지 않아 맥락에 따른 의미 파악이 필요하다. 상사의 지시 사항을 이해하기 위해서는 상사의 표정, 말투 등을 보며 지레짐작해야 했다. 보고할 때도 상사의 반응을 살피면서 어떻게 진행해야 하는지, 추후 어떤 점을 보완해야 하는지를 감으로 파악했다. 또 집단문화는 어찌되었든 같이 일하는 사람은 같은 공간에 있어야 한다는 생각이 깔려 있다. 게다가 직원이 보이지 않으면 일을 하지 않는다는 생각까지 들게 한다. 이렇게 복합적인 이유로 재택·원격근무는 요원한 일처럼 보였다.

하지만 코로나19로 디지털 전환과 함께 재택·원격근무는 기업의 핵심 이슈가 되었다. 같은 문화권인 중국은 '3무無'가 일하는 방식의 핵심이 되었다. 3무란 무접촉 출퇴근, 무접촉 회의, 무접촉 일처리이다. 중국의 원격근무 이용자는 한국과 마찬가지로 다른 선진국 대비 낮았으나 이번 코로나19로 급격히 증가할 것으로 전망된다. 중국의 원격근무 이용자는 2005년 180만 명이었으나 2018년 490만 명으로 늘어났다. 2020년에는 코로나19로 더욱 증가할 것으로 보인다. 특히 중국 컨설팅사 이오 인텔리전스^{EO} Intelligence는 2020년 2월 3~16일 사이에 3억 명이 원격근무를 한 것으로 추정했다.

국내 직장인은 재택근무에 대해 어떻게 생각할까? 2020년 3월 오픈서베이 조사결과 응답자의 74%가 재택근무에 대해 만족한다고 답했다. 업무 효율성에 대해서는 34%가 재택근무가 업무 집중 향상에 도움이 된다고 말했다. 하지만 업무 집중도 향상과는 별다른 상관관계가 없다고 응답한 사람도 52%에 달했고, 도움이 안 된다고 답한 사람도 12%로 나타났다. 이 조사가 의미하는 바는 무엇일까?

직장인은 집에서 일하는 것을 어찌되었든 선호하지만, 이게 업무 성과 창출과 연관되어 나타나는 것은 아니라는 것이다. 재택근무 만족도 대비 상대적으로 업무 효율성에 대한 응답은 부정적으로 나타났기 때문이다. 코로나19 이후 우리가 고민해봐야 할 것은 단순히 재택·원격근무의 확산이 아닌 재택·원격근무 시 어떻게 업무효율성을 높이고 성과를 창출할 수 있는가이다.

재택근무의 원조인 IBM은 1993년 원격근무를 도입했다. 하지만 2017년 24년 만에 원격근무를 폐지하고 직원들을 출퇴근 시켰다. IBM은 사무실 복귀를 원치 않으면 퇴사하라고까지 했다. 이외에도 야후, 뱅크오브아메리카^{Bank of America} 등이 재택근무를 폐지했다. 이유는 모두 업무 생산성 때문이었다. 국내에서도 특허청

이 2005년 공공기관 최초로 전 직원의 약 8% 대상으로 재택근무를 실시했다. 하지만 이를 악용해 재택근무 직원들이 변리사 시험에 응시해 국정감사에서 지적을 받기도 했다.

포스트 코로나 시대, 재택·원격근무는 점점 증가할 것이다. 이런 변화가 업무를 추진하는 데 있어 어떤 어려움을 만들어낼까? 전 세계 3,500명 이상의 원격근무자 대상으로 버퍼Buffer와 엔젤리스트AngelList가 조사한 결과를 보면, 원격근무에 있어 가장 어려운 점은 커뮤니케이션 및 협업(20%), 외로움(20%)이었다. 다음으로는 항상 업무환경에 놓여 있는 상태(18%), 집에서의 집중력 분산(12%) 등이었다.

이 결과는 기업이 무엇을 고민해야 하는지 알려준다. 크게 두 가지다. 업무 효율성의 저하와 조직문화의 상실이다. 이미 업무 효율성 저하는 재택·원격근무 실패 사례에서 볼 수 있었다. 조직 문화는 밀레니얼 세대, Z세대의 라이프스타일과 함께 조직 내 핵심 이슈로 부상했다. 이 상황에서 재택·원격근무로 인한 외로움의 가중은 조직과 구성원 간의 연결고리의 상실로 나타날 수 있다. 런던경영대학원 린다 그래튼Lynda Gratton 교수는 "직장생활에서의 직접적인 접촉은 서서히 사라지고 깊은 외로움과 고립이 그 자리를 대신할 것"이라고 전망했다. 외로움에 익숙한 사회가 다가오는데, 이는 포스트 코로나 시대 기업의 지속 성장에 있어 걸림돌이 될 수 있는 부분이다. 단기적으로 재택·원격근무가 효율을 높일 수도 있다. 하지만 고립감과 외로움의 문제는 언택트 시대에 어떻게 대면해야 하는지 고민을 안겨주었다. 조직 차원에서 직원 심리 상담 서비스나 조직문화 진단에 관심을 가질 필요가 높아지고 있다. 외로움이 커뮤니케이션 및 협업과 동일한 비중을 차지하고 있다는 조사결과가 이를 방증한다.

이 문제로 상시 업무 모니터링이나 불필요한 커뮤니케이션은 오히려 독이 될 수 있다. 업무의 공유와 모니터링 간의 균형이 필요하다. 한쪽으로 치우치는 순간 재택·원격근무는 의미를 잃어버리기 때문이다. 일하는 방식은 코로나19가 비즈니스에 미친 가장 근본적인 부분이다. 언택트로 서로에 대한 친밀한 교류가 부족한 상황에서 업무 중심의 커뮤니케이션이 개인의 동기부여와 몰입, 조직문화에 어떤 영향을 미칠지도 생각해봐야 한다. 특히 조직의 생산성과 성과 측면에서 말이다.

모든 산업과 업무에 재택·원격근무의 도입은 분명 현재 한계가 있다. 그렇다면 산업이나 직무별로 재택·원격근무가 필요하지만 업무에 차질이 발생하거나 생산성이 낮아질 수 있는 일 혹은 생산성이 높아질 수 있는 일은 무엇인지 검토가 필요하다.

┌── 언택트 비즈니스: 재택 · 원격근무 ──────

◆ 스마트워크
IBM, SK텔레콤(스마트워크솔루션)

콘택트하지 못하면,
언택트 솔루션으로

깃랩GitLab의 원격 부문 담당인 다렌 머프Darren Murph는 지금의 상황을 이렇게 말한다. "위기로 인해 강제된 원격근무의 시대"라고 말이다. 우리는 코로나19로 어쩔 수 없이 재택·원격근무를 하게 되었다. 기존에는 다수의 직원이 직장 출근을 하는 구조였다면, 현재는 역으로 다수의 직원이 재택·원격근무를 하고 있다. 기업은 비대면 근무에 따른 부정적 효과를 가능한 최소화시키기 위해 다양한 언택트 솔루션을 활용한다.

원격 소프트웨어 업체 알서포트는 "코로나19 여파로 평상시 대비 화상회의 제품 문의건수가 100% 이상 늘었다."고 말했다. NHN은 협업툴 두레이Dooray의 화상회의 접속률이 코로나19 확산 이전과 비교해 약 25배 증가했다고 밝혔다. 이 툴은 메신저, 메일, 캘린더, 드라이브 등의 기능을 보유한 올인원 협업툴이다. 특히 NHN은 코로나19 대응 관련 두레이 서비스를 중소기업에 3개월 무상 제공하고 있다. 코로나19가 개선될 때까지 인원 수 제한 없이 화상회의, 메신저, 프로젝트, 캘린더, 드라이브, 위키 등 업무 협업에 필요한 모든 서비스를 제공한다고 밝혔다.

시스코의 원격 협업 솔루션 웹엑스Webex는 어떨까? 코로나19 이후 이용자가 3~4배 증가했다. 현재 사람들의 입에 가장 많이 오르내리는 줌은 2020년 1~2월 200만 명 이상 증가했다. 마이크로소프트의 팀즈Teams도 사용자가 급격히 증가했다. 마이크로소프트는 2020년 3월 19일 팀즈가 최근 일주일 동안, 일간 실제 사용자 숫자가 1200만 명 늘어난 4400만 명에 이르렀다고 블로그를 통해 밝혔다.

중국의 경우, 기업용 메신저인 알리바바 딩톡DingTalk의 하루 사용자 증가율이 2020년 1월 첫째 주 대비 2월 첫째 주의 일평균 사용자 수가 56%, 위챗WeChat은 46% 증가했다. 특히 알리바바의 경우 접속자 수가 2억 명을 넘어서기도 했다.

국내 스타트업인 스터디파이는 전 직원의 75%인 180여 명이 재택근무를 하고 있다. 정기적인 회의와 워크숍을 제외하면 자유롭게 근무한다. 원활한 업무를 위해 화상회의는 구글 미트Meet와 줌, 메신저는 슬랙Slack, 업무 관리 프로그램은 아사나Asana를 활용하며 다른 직원과 커뮤니케이션한다.

간단히 재택·원격근무를 위한 화상회의와 협업 솔루션을 살펴보자. 화상회의 솔루션은 시스코 웹엑스, 알서포트 리모트미팅, 마이크로소프트 팀즈, 팀뷰어TeamViewer, 구글 미트, 줌 등이 있다. 이런 화상회의 솔루션은 다자간 채팅, 파일 공유 등이 가능하다. 최근에 사람들이 많이 사용하는 솔루션은 줌으로 화면 공유, 회의 녹화 등이 가능하며 무료로 100여 명까지 참가 가능하다. 우리는 이런 솔루션을 통해 언택트 환경에서 조직 구성원 간의 간접적인 미팅이 가능하다. 또 불필요한 말이 사라지면서 회의의 효율성도 높아진다. 하지만 말하는 사람의 감정을 파악하기에는 어렵다는 단점도 있다. 이는 메신저 또한 마찬가지다.

업무 메신저 협업툴은 어떨까? 슬랙, 잔디JANDI, 라인웍스LINE WORKS, 트렐로Trello, 아사나, 두레이, 플로우flow 등이 있다. 이 툴은 화상회의 기능을 기본으로 파일공유, 다자간 채팅, 일정관리 등의 기능을 가지고 있다. 슬랙, 잔디, 웍스모바일이 커뮤니케이션 중심이라면, 트렐로, 아사나는 프로젝트 중심이다. 이외에도 비주얼 협업툴 비캔버스BeeCanvas, 콜라비collabee가 있다.

이런 솔루션은 업무 상황에 따라 다양하게 활용할 수 있다. 스타트업 뱅크샐러드는 즉답이 필요할 때는 슬랙, 업무 인수인계 시에는 티켓, 전사 직원이 참여하는 회의는 구글 행아웃 등을 활용한다. 스마트스터디도 전사 커뮤니케이션은 라인, 개발자 커뮤니케이션은 슬랙, 중국 사업 담당과는 위챗을 사용한다. 상황에 따라 적합한 솔루션을 사용하는 유연성도 필요하다.

특히 우리가 유념해야 할 것은 솔루션 그 자체보다 솔루션 사용의 근본적인 목적인 업무 효율과 생산성이다. 업무지시는 같은 장소에서 일할 때보다 더 명확해야 한다. 서로 알고 있다고 해서 지레짐작해서는 안 된다. 그렇게 할 경우, 오히려 재택·원격근무의 효율성을 떨어뜨릴 수 있다는 사실을 인식해야 한다. 가능한 구체적으로 상호 커뮤니케이션하는 습관이 필요하다. 더 나아가 직원 간의 신뢰와 커뮤니케이션이 뒷받침될 수 있는 문화가 만들어져야 한다.

미국의 스타트업인 깃랩은 전 직원이 원격근무를 한다. 전 세계 65개국에 1,200명이 넘는 직원이 말이다. 이를 위해 깃랩은 홈페이지에 팀 핸드북을 공개했는데, 이 핸드북은 5,000페이지에 달한다. 여기에는 리더와 직원이 원격근무를 할 때 지켜야 할 원칙, 주의사항, 원격근무를 위한 기반 솔루션에 관한 내용 등이 세세하게 담겨져 있다. 이는 재택·원격근무에 있어 IT 인프라와 솔루션도 중요하지만 궁극적으로 조직의 리더와 직원들이 언택트한 근무방식에 대해 어떻게 받아들이는지가 더 중요하다는 것을 알 수 있다.

국내 스타트업의 경우 세부적인 가이드라인은 없지만, 개략적인 지침을 가지고 일을 한다. 스마트스터디는 업무 시작과 종료 시간, 진행 예정 업무 및 진행 상황 등을 메일로 공유한다. 스타트업 스타일쉐어는 서로의 얼굴을 꼭 보며 회의 안건은 텍스트로 공유하는 등의 화상회의 가이드라인을 만들기도 했다. 메디블록은 자체 재택근무 규칙을 제시했다.

⚠ 메디블록 재택근무 규칙

0. 재택근무는 '업무방식의 변화'이지 '업무를 하지 않는 것'이 절대 아니다.
1. 자신의 업무 시간을 적극적으로 알린다. 업무 시작 시간, 종료, 식사 시간 시작, 종료를 동료가 알 수 있도록 한다.
2. 업무 시간 중에는 모두 슬랙에 접속한 상태를 유지한다.
3. 업무 시간 동안 슬랙, 메일, 노션 등을 충분히 활용해 더욱 적극적으로 업무에 임한다.
4. 업무 시간 중 항상 메신저와 유선 연락이 가능해야 한다.
5. 업무 시작 시 팀별 채널을 통해 당일 예정 업무 공유, 업무 종료 시 결과를 보고한다.
6. 회의가 필요한 경우 화상 또는 음성으로 진행하며 필요 인원은 꼭 빠지지 않고 참석한다.

우리가 간과하지 말아야 할 것은 재택·원격근무는 단지 일하는 방식만 바뀔 뿐이라는 사실이다. 그리고 솔루션은 이를 위한 지원도구로 성과 창출이라는 일의 목적은 바뀌지 않아야 한다.

언택트 비즈니스: 비대면 업무

◆ 언택트 솔루션
줌, 구글, 슬랙, 마이크로소프트, 시스코, 팀뷰어, 아사나, NHN, 웍스모바일, 토스랩(잔디), 알서포트, 마드라스체크(플로우), 비캔버스, 콜라비

로봇의 침투,
RPA로 인간의 역할이 변하다

　　코로나19는 검은 백조다. 기업은 몇 년간의 경기침체로 위기감을 가지고 있었지만 코로나19는 바로 대처할 수 없었다. 감염자의 급격한 증가, 사망률의 급증은 '사회적 거리두기'를 하게 했고 이로 인해 그간 침체되었던 경기는 바로 주저앉았다. 거리에는 인적이 드물었고 사람들은 집에서 사태를 지켜보는 상황이 되었다. 오프라인 기반 기업은 급격한 침체를 맞아 2020년 1분기 실적에서의 '어닝쇼크'는 이상한 일도 아니었다. 고용은 또 어떤가? 기업평가사이트 CEO 스코어는 국내 500대 기업 중 국민연금 가입 여부를 알 수 있는 492개 회사를 조사한 결과, 2020년 3월 말 기준 국민연금 가입자는 1월 말 대비 1만 844명이나 감소한 것으로 나타났다. 대기업도 코로나19의 여파를 지나칠 수는 없었다.

지금은 변동성volatility, 불확실성uncertainty, 복잡성complexity, 모호성ambiguity 등을 가진 VUCA의 시대다. 기업은 이런 상황을 타개하기 위해 로봇을 활용한다. RPA는 사람들이 하는 반복적인 업무를 자동화한 소프트웨어이다. 초기에는 금융업을 중심으로 도입된 후 최근에는 다양한 산업으로 확대되고 있다. RPA는 코로나19 이후 업무 효율화, 의사결정의 신속성을 높이는 수단으로 각광받고 있다. 금융업에서는 비대면 계좌의 승인 및 거부처리, 보험증권 서류 작성 및 등록 업무의 자동화에 활용할 수 있다. 제조업에서는 거래처 등록이나 신용정보 관리, 판매코드 기준 데이터 집계 자동화에 활용할 수 있고, 유통업에서는 재고관리 입력 및 승인 프로세스, POS 데이터 입력, 일/월 마감 업무 처리 자동화 등에 활용 가능하다. RPA 관련 업체로는 해외에는 블루프리즘Blue Prism, NICE, 오토메이션 애니웨어Automation Anywhere, 유아이패스UiPath, SAP, IBM이 있고, 국내에는 LGCNS, 삼성SDS 등이 있다. 그럼, 국내외 기업들은 RPA 도입을 통해 어떤 성과를 내고 있는지 한번 보자.

삼양그룹은 2019년 식품 관련 계열사에 RPA를 도입한 후 좋은 성과를 얻었다. 연간 2,000시간이 걸리던 업무 시간을 RPA로 90% 이상 줄였기 때문이다. 지난 4월에는 RPA를 전 계열사에 도입해 업무 시간을 절감하겠다고 밝혔다. 특히 삼양그룹은 실시간으로 국내외 데이터를 수집해 위기에 신속하게 의사결정을 할 수 있는 도구로 RPA를 활용하고 있다. 지금처럼 변동성이 큰 시기에는 다양한 국내외 경제 지표, 사업과 관련된 현황 등을 빠르게 파악해야 하는데, 이때 RPA를 활용하는 것이다. 사람은 이런 단순 업무를 하는 데 많은 시간이 소요되기 때문이다. LG그룹 또한 2018년부터 현재까지 500여 개의 업무에 RPA를 적용했다. 2020년 말까지 적용 범위를 총 900개까지 확대하기로 했다. 특히 단순 반복에서 비교분석까지 가능한 지능형 RPA를 도입해 로봇의 활용도를 높이고 있다. LG는 현재 열두 개 계열사에 RPA를 활용하고 있다.

글로벌 기업에서는 2014년부터 RPA를 도입해 활용하고 있다. 월마트는 문서 작성, 정보 검색 등 500여 개 업무에 적용하고 있다. AT&T는 서비스 주문 데이터 처리, 고객 리포트 작성 등에 사용 중으로 RPA 적용 개수는 2016년 200개에서 2018년 초 1천여 개로 증가했다. 중국 IT 기업인 팩테라Pactera는 아이큐봇을 활용해 코로나19 감염 위험도를 평가하는 도구를 개발했다. '팩테라 직원 리스크 평가 도구'는 외부 출장 후 직원이 복귀했을 때의 통신기록을 활용해 감염 위험도를 알려주는 로봇이다. 뱅크오브아메리카는 자산관리형 가상비서인 에리카Erica 서비스를 제공하고 있다. 이 서비스는 고객의 계좌 잔액 분석을 통해 과소비를 경고하거나 카드 대금 납부일을 추천한다.

글로벌 RPA 시장 규모는 2016년 6억 1200만 달러에서 2020년

43억 800만 달러로 증가할 것으로 전망된다. 국내 시장 또한 2020년 천억 원 규모에서 2022년에는 4천억 원 규모에 달할 것으로 전문가들은 예측하고 있다. 글로벌 컨설팅사 맥킨지는 RPA가 도입된 첫 해에, 30~200%의 ROI도 달성 가능한 것으로 보고 있다. 한 국내 은행은 13개 프로세스에 85개 로봇을 도입해 200명이 수행할 수 있는 업무를 대체했으며, 이 비용은 직원 충원 비용의 30% 수준에 불과했다. 포스트 코로나 시대에는 RPA가 기업의 단순 반복 업무의 상당 부분을 대체할 것으로 보인다. 〈ILO 일의 미래 보고서〉에 제시된 미래학자 및 국제기구의 전망을 보면, 자동화는

자동화로 인한 일자리 변화 전망

Frey and Osborne, 2015	미국 노동자 47%가 자동화로 일자리를 잃을 위험에 있다.
Change and Phu, 2016	아세안-5: 향후 20년 동안 일자리의 50%가 자동화될 위험에 있다.
Mckinsey Global Institute, 2017	기계에 의해 완전히 대체되는 직종은 전체의 5% 미만이나 전체 직종의 약 60% 정도는 자동화 가능한 일자리를 30% 정도 포함한다.
OECD, 2016	OECD 국가의 평균 약 9% 일자리가 자동화될 위험에 있다. 상당수 일자리(50~70%)는 완전히 자동화되지 않으나 많은 업무가 자동화되면서 업무수행방식을 변화시킬 것이다.
세계은행, 2016	개도국 일자리 2/3가 자동화될 위험에 있다.
세계경제포럼, 2018	기업의 약 50%가 2022년까지 자동화로 인해 정규직 인력이 감소할 것이라 예상한다.

ⓒ 고용노동부

현재 노동시장의 상당 부분을 대체할 것으로 예측하고 있다.

RPA는 로봇과 인간의 역할을 명확하게 할 것이다. 사람은 창의적이고 비판적인 일에 집중하고, 로봇은 이를 지원하는 역할을 한다. 장기적으로는 지금 사람이 하고 있는 많은 일들은 기계로 대체될 가능성이 높다. 2017년 OECD가 발표한 〈컴퓨터와 스킬 수요의 미래Computers and the Future of Skill Demand〉 보고서에는 노동자의 62%가 사용하는 기술은 컴퓨터가 사람과 비슷하게 발휘할 수 있다고 평가한다. 더욱이 컴퓨터보다 높은 숙련도를 가진 노동자는 13%에 불과하다고 평가했다. 로봇은 앞으로 점점 우리의 일상 깊숙한 곳까지 침투할 것으로 보인다. 업무의 자동화는 이런 변화의 일부분일 뿐이다. 기업에서 추진하는 디지털 전환은 인간의 역할에 대한 고민의 시작이다.

┌─ 언택트 비즈니스: 업무 자동화 ─────────

◆ RPA
블루프리즘, NICE, 오토메이션 애니웨어, 유아이패스, SAP, IBM, LGCNS, 삼성SDS

언택트,
무인화와 로봇으로 서비스 혁신

2018~2019년 최저임금의 급격한 상승은 노동자는 줄이고 기계는 증가하게 했다. 집 앞의 맥도널드 매장에는 키오스크가 설치되고 매장 직원의 수는 줄었다. 키오스크 한 대가 아르바이트생의 역할을 대체했기 때문이다. 그래서인지 국내 키오스크 시장은 2006년 600억 원에서 2018년 2500억 원 규모를 기록했다. 사실 이뿐만 아니다. 대형마트는 셀프 결제 시스템이 운영되면서 계산원이 감소했다. 고속도로 톨게이트는 어떤가? 스마트 톨게이트 시스템이 몇 년 전부터 도입되면서 요금 수납원의 필요성은 사라지고 있다. 이제 세상은 기계와의 전쟁이란 용어를 써가며 사람이할 수 있는 일은 무엇인가를 고민하고 있다.

그렇지 않아도 기계로 대체되고 있는 상황이었는데 코로나19로 인한 언택트는 로봇의 위상을 높였다. 중국에서는 코로나19에 대응하기 위해 소독로봇 토르원Thor-1, 식사 배달 로봇 리틀피넛Little Peanut, 간호 로봇 샤오보Xiao Bao를 활용했다. 토르원은 원격조정을 통해 사람이 직접 가지 않고 원격으로 전염병 지역을 소독한다. 리틀피넛은 병원이나 호텔에 격리되어 있는 사람들에게 로봇이 직접 음식을 배달한다. 샤오보는 코로나19 감염 위험에 가장 많이 노출된 의료진의 안전을 위해 환자와 영상으로 대화할 수 있게 해준다. 뿐만 아니라 처방약 전달, 실내 온도 조절 등의 역할도 수행한다. 서울대병원도 2020년 3월 의료현장에서의 코로나19 감염을 막기 위해 LG클로이 청소로봇과 안내로봇을 배치했다. 안내로봇의 경우 병원 방문자 대상으로 호흡기 상태 문진, 체온 측정을 지원한다. 이처럼 코로나19로 로봇은 언택트의 핵심이 되었다.

음식을 배달하는 리틀피넛 로봇 ⓒ〈South China Morning Post〉 유튜브 영상

이런 로봇은 코로나에 직격탄을 맞은 다중이용시설에도 활용된다. 특히 극장은 다중이용시설인데다 폐쇄적이어서 큰 타격을 입었다. CJ CGV는 2020년 1분기 매출액은 전년 동기 대비 47% 감소했고 영업이익은 적자로 돌아섰다. 특히 한국에서는 330억 원, 중국은 354억 원의 영업 손실을 기록했다. 이런 영업 손실은 코로나19 전후 앱 이용량 변화에서도 알 수 있다. 앱마인더에 따르면 국내 코로나 발생 이후, 2월 넷플릭스 앱의 이용량은 12% 증가한 반면, CGV 앱은 13% 하락했다. 코로나19로 큰 타격을 입은 CGV 여의도점은 언택트 시네마로 탈바꿈되었다. 언택트 시네마는 말 그대로 사람들과의 접촉을 최소화하여 기존 서비스를 운영하는 것이다. 이 서비스는 체크봇, 픽업박스, 팝콘 팩토리 셀프바, 셀프 체크바로 구성된다. 체크봇은 인천국제공항에서 볼 수 있는 안내로봇처럼 영화 상영 관련 정보 및 주요 시설의 위치를 알려준다. 픽업박스와 팝콘 팩토리 셀프바 등은 모바일로 메뉴를 주문하고 셀프로 팝콘, 음료, 핫푸드를 고객이 알아서 가져가는 서비스다.

롯데시네마도 스마트 키오스크를 설치해 사람과의 대면을 최소화하고 있다. 편의점 CU도 코로나19로 셀프 결제 비중이 증가해 매장 천 곳에 셀프계산대를 설치했다. 또 CU바이셀프를 120곳에서 200곳으로 확대시킬 계획이다. CU바이셀프는 스마트폰을 POS 시스템으로 활용하는 것이다. 피자나 치킨을 시키면 배달원이 스마트폰으로 결제하는 모습을 볼 수 있다.

사람과의 접촉이 필요 없는 서비스는 미국의 아마존고Amazon Go에서도 찾아볼 수 있다. 2018년 문을 연 아마존고는 현재 미국 전역에 스물다섯 개 존재한다. 아마존은 2020년 2월, 무인 매장 시스템을 식료품으로까지 확대했다. '아마존 고 식료품 스토어 Amazon Go Grocery store'는 시애틀의 아마존고보다 다섯 배나 큰 규모를 자랑하며 5천여 개의 신선식품을 취급한다. 이런 무인 매장은 매장 내 설치된 카메라와 센서를 통해 고객과 상품을 추적한다.

국내도 무인 매장의 수가 증가하고 있다. '세븐일레븐 시그니처' 매장은 세계 최초의 무인 콘셉트 스마트 편의점이다. 1호점인 롯데월드타워점 입구에는 "현금과 카드, 스마트폰은 필요 없습니다. 오직 손만 있으면 됩니다. No cash, No card, No phone. Just Need Your Hand."라고 적혀 있다. 커피 전문 브랜드 달콤커피는 2018년 1월 인천국제공항에 로봇카페 비트b;eat 매장을 연 후, 2020년 3월 멤버십 회원은 누적 가입자 수가 10만 명을 돌파했다. 현재까지 70호점을 오픈했으며 2020년 4월에는 정안알밤휴게소에 고속도로 휴게소 1호점을 열었다. 이 로봇 바리스타는 50가지의 메뉴 제조가 가능하고 시간당 117잔을 만들 수 있다. 이 로봇 바리스타는 LCD 디스플레이를 통해 감정 표현이 가능하며 고객의 동선 분석을 통해 카페 운영전략 제시가 가능하다. 게다가 고객에게 윙크를 하거나 인사를 하는 등의 간단한 커뮤니케이션까지 한다.

언택트로 가장 많은 수혜를 본 배달 서비스는 어떨까? 우아한형제들은 2020년 5월 송파구 본사에서 실내 자율주행 배달 로봇 '딜리타워' 시범 서비스를 진행했다. 이 시범 서비스는 본사 18층 사내 카페에 음료를 주문하면 딜리타워가 사무실로 배달한다. 카페 주인은 로봇의 스크린을 통해 주문확인 후, 로봇 적재함에 음식을 넣고 출발 버튼을 누르기만 하면 된다. 우아한형제들은 2019년 11월 자율주행형 서빙 로봇 '딜리플레이트'를 선보였다. 이 로봇은 전국 열여섯 개 식당에 스물세 대가 설치되어 있다. 또 실외 자율주행형 배달 로봇 '딜리드라이브'를 건국대학교 서울캠퍼스에서 공개 테스트하기도 했다.

로봇은 앞으로 기업의 서비스뿐만 아니라 개인의 일상에도 활용될 것이다. 개인 및 가정용 서비스 로봇 시장의 규모는 국제로봇연맹에 따르면 2019년 46억 달러에서 2022년 115억 달러에 달할 것으로 전망된다. 도요타의 커뮤니케이션 로봇 '키로보 미니 KIROBO mini', 필로헬스Pillo Health의 헬스케어 로봇 '필로Pillo' 등은 반려 로봇companion robot으로 사람들 곁을 지키고 있다. 키로보 미니는 주머니에 들어갈 만큼의 작은 사이즈로 사람과 커뮤니케이션을 할 수 있다. 필로는 사람이 약 먹는 것을 잊지 않도록 도와주고 약이 떨어지면 알려준다.

무인화는 포스트 코로나 시대에 더욱 가속화될 것이다. 이는 키오스크, 인공지능, 로봇 등 기술과 기계의 활용을 증가시키고 사람의 역할은 이를 통제하고 관리하는 역할에만 집중하게 될 것으로 보인다. 특히 매장에서 발생하는 수많은 빅데이터는 비대면으로 인해 사라진 고객과의 관계를 대체할 방안 마련에 활용된다. 지금보다 더 치열하게 고객의 행태 분석에 집중해야 한다. 고객과의 지속적인 접촉은 고객의 숨은 니즈 파악이 가능하지만, 고객과의 접촉이 없는 상황에서 빅데이터를 통해 고객이 가지고 있는 니즈가 무엇인지 파악해야 하기 때문이다. 그리고 빅데이터 외에 다른 방법도 고민이 필요하다.

또 다른 측면에서 무인화로 인해 우리가 고민해야 할 점은 '서비스란 무엇인가'이다. 매장에서 상품을 팔 경우, 우리는 상품의 가치와 함께 사람 간의 관계를 팔기도 했다. 다양한 업종에서 점원과 고객 간의 친밀성은 중요한 요소였다. 그런데 이 친밀성이 사라진다면, 서비스는 어떤 가치를 담고 있어야 할까? 사람이 사라진 서비스에서 고객은 무엇을 기대할 것인가를 고민해야 한다. 어쩌면 서비스 그 자체의 본질에만 집중할 수도 있다. 앞서 살펴본 커피라면, 오직 커피의 맛에만 고객들은 반응할 수 있다. 스타벅스는 "커피가 아닌 문화공간을 판다."라고 했다면, 무인화된 커피 매장은 오직 커피의 맛만을 팔 수도 있다. 고객이 로봇 바리스타에게 원하는 건 맛있는 커피, 때론 가성비 좋은 커피가 될지 모른다.

2015년 설립된 줌피자Zume Pizza는 로봇 서비스에서 우리가 무엇에 집중해야 하는지 알려준다. 줌피자는 로봇을 통해 피자를 만드는 업체로 2017년 가장 유망한 스타트업 중 하나였다. 미국 CNBC 방송은 유망 스타트업 스물다섯 개 중 1위로 줌피자를 뽑기도 했다. 게다가 일본 소프트뱅크 손정의 회장은 2018년 11월 이 기업에 3억 7500만 달러를 투자하기도 했다. 그래서 한때 기업 가치는 10억 달러에 달했다. 하지만 줌피자는 2020년 1월 피자 사업을 접기로 하면서 360명의 직원을 해고해야 했다.

실패의 원인 중 하나는 맛이었다. 어찌되었든 음식은 맛있어야 하는데 그렇지 못한 것이다. 사람이 만들든 로봇이 만들든 고객 가치의 핵심은 맛이기 때문이다. 실제로 미국 최고의 인지도를 보유한 지역정보 사이트 옐프yelp에 등록된 2016년 이후 줌피자에 대한 리뷰를 보면 별 네 개 이상도 많지만, 별 두 개 이하도 많은 것을 볼 수 있다. 특히 2019년 월별 추이를 보면 만족도가 하락세인 것을 확인할 수 있다.

2016년 이후 줌피자 리뷰 통계

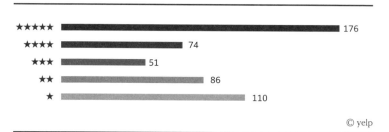

★★★★★ 176
★★★★ 74
★★★ 51
★★ 86
★ 110

© yelp

언택트 비즈니스: 무인화 솔루션

◆ 무인화

아마존, CU, 세븐일레븐

◆ 로봇

도요타, 필로헬스, 줌피자, LG전자, 우아한형제들, CJ CGV

UNTACT

언택트 비즈니스 인사이트

디지털 라이프 시대 전략을 제시하다

PART 6

언택트 라이프
비즈니스 인사이트

홈 블랙홀, 핑거 클릭, 취향 콘텐츠, 생산성 포커스. 지금까지 이 네 가지의 언택트 라이프 비즈니스 인사이트를 살펴봤다. 이 네 가지 말고도 이 책에서 다루지 못한 비즈니스 인사이트가 지금 우리 주변에 숨어 있을 것이다. 하지만 그게 무엇이든 언택트 라이프 비즈니스를 실행하기 위한 요소는 비슷할 것이다.

지금부터 그 요소가 무엇인지 보자. 결론부터 말하면 기업은 디지털 라이프 비즈니스를 올바르고 빠르게 실행하기 위해서는 다섯 가지가 필요하다. 시장 측면에서는 리더십, 기술 측면에서는 데이터, 조직 외부 관점에서는 고객 경험, 조직 내부 관점에서는 생산성이다. 마지막으로 이 모든 것의 밑바탕이 되는 조직문화가

디지털 라이프 비즈니스 성공 요건

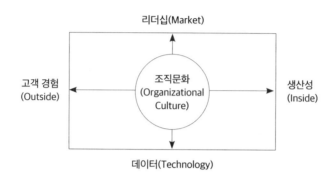

있다. 이 다섯 가지는 유기적으로 연결되어 있다. 이를 위해 언택트 시대와 가장 잘 어울리는, 그리고 우리가 잘 알고 있는 넷플릭스 사례를 가지고 디지털 라이프 비즈니스의 요건을 구체적으로 살펴보자.

넷플릭스 CEO 리드 해스팅스Reed Hastings의 창업 전 이력부터 간단히 살펴보자. 그는 넷플릭스 창업 전 어댑티브 테크놀로지라는 IT 회사에 근무하기도 하고, 퓨어 소프트웨어라는 소프트웨어 개발툴 회사를 창업하기도 했다. 이후 회사를 매각한 다음, 인터넷을 통해 영화를 좀 더 편하게 볼 수 있는 방법이 있을 것이라고 생각하고 넷플릭스를 창업했다. 그의 이런 통찰은 계속되어 넷플릭스는 신생기업인데도 불구하고 2001년 회원수 50만 명을 확보해 성공 기반을 닦았다. 하지만 안심하지 못했다. 왜냐하면 당시 거대 기업인 블록버스터Blockbuster가 언젠가는 시장에 진출할 것이라고 판단했기 때문이다. 더욱이 DVD오버나이트DVDovernight, DVD애비뉴DVDAvenue, 렌트DVD히어Rent DVD Here 등 유사 기업들이 우후죽순으로 생겨나고 있었다. 넷플릭스가 사업 초기 이런 상황에도 불구하고 현재의 위치에 오르기까지는 리드 해스팅스의 리더십이 한몫 했다. 그는 지속적으로 시장을 탐색하고 시장의 위험 신호를 파악했다. 특히 기업 외부 환경의 변화를 빠르게 인지하고 앞으로 시장을 어떻게 장악해 나가야 할지 계속 고민했다.

고객 경험 측면에서도 그는 세심한 관심을 기울였다. 그는 DVD 배송 사업을 하던 시절에, DVD가 안전하게 배송될 수 있도록 DVD 봉투 제작에 오랜 시간을 쏟았다. 종이, 판지, 플라스틱 등 다양한 재료를 가지고 봉투를 만들어보며 안전한 종이 기반의 봉투를 만들었다. 뿐만 아니라 그는 고객이 봉투를 개봉하는 시간을 줄일 수 있도록 150가지의 봉투 버전을 테스트했다. 그 결과 개봉 시간은 3초, DVD 파손율은 0.2%p 감소시켰다. 사실 이 수치 자체는 큰 성과가 아닐 수 있다. 하지만 빠르게 시제품을 만들고 실행해보는 과정을 통해 고객 경험을 중시하는 문화를 만들었다. 이뿐인가? 그는 "우리 고객들을 위해 흩어진 점들을 연결시키려면 무엇을 해야 할까?"라는 질문을 던지며 고객 경험과 가치를 높일 수 있는 방법을 끊임없이 찾았다. 그 결과 나온 것이 영화 추천 엔진 시네매치Cinematch였다.

데이터는 어떨까? 그는 초기 성공 후, "왜 더 많은 사람들이 가입하지 않는 것일까?"라는 질문을 던지며 고객 데이터를 집중 분석했다. 왜냐하면 앞서 본 시장 상황 때문에 빠르게 성장하여 대기업을 따돌려야 했기 때문이다. 그 결과 그는 데이터 분석을 통해 샌프란시스코 만灣 지역이 타 지역보다 침투율이 높다는 것을 파악했다. 하지만 이것만으로 부족했다. 이 결과를 가지고 내부적으로 논의를 했지만 명확한 원인을 찾을 수 없었기 때문이다. 그래서 그는 고객과 비고객을 대상으로 설문조사를 하자고 제안했고, 그 결과 DVD를 발송하고 수취하는 유통센터가 샌프란시스코 만 지역에 있기 때문이라는 답을 얻었다. 유통센터가 인접 지역에 있으면 고객들은 DVD를 신청한 후에 빠르게 받아볼 수 있었기 때문이다. 이 결과를 바탕으로 그는 캘리포니아주의 산타아나, 매사추세츠주의 우스터 등에 유통센터를 개설한다. 이후 이 지역에서의 회원수는 급증하며 샌프란시스코 만의 회원수를 넘어섰다. 데이터 분석을 통해 고객이 불만족했던 요인을 파악해 서비스 수요 창출에 방아쇠를 당긴 것이다.

마지막으로 넷플릭스의 조직문화를 통해 나머지 두 가지 요건인 생산성과 조직문화에 대한 시사점을 얻을 수 있다. 넷플릭스의 조직문화는 자유, 책임, 성과로 압축할 수 있다. 언택트 시대에 이 세 가지는 중요한 의미를 가진다. 재택·원격근무는 직원들에게 자유를 주지만 그만큼의 책임과 성과를 요구한다. 한편으로는 이런 자유, 책임, 성과가 직원들에게 잘 스며들기 위해서는 그 회사만의 가치가 공유되어야 한다.

넷플릭스 홈페이지에 소개되어 있는 조직문화 내용을 보면, 넷플릭스는 판단, 호기심, 용기, 열정, 혁신, 성실성이라는 가치를 강조한다. 이러한 가치가 실현될 수 있도록 넷플릭스는 직원의 독립적인 의사결정을 장려하고, 정보를 광범위하게 그리고 의도적으로 공유한다. 또한 서로에게 솔직하며 팀을 중시한다. 이를 바탕으로 상호 간의 신뢰 협력이 바탕이 되는 유능한 구성원들로 구성된 '드림팀'을 강조한다. 특히 주목할 만한 것은 고도로 정렬되어 있지만 느슨한 결합을 강조한다. 이는 넷플릭스가 유연하면서 민첩한 조직을 만드는 기반이 된다. 넷플릭스는 《어린 왕자》의 생텍쥐페리의 명언을 제시하면서 조직문화 소개를 마친다. 이는 우리가 앞으로 디지털 라이프 비즈니스를 전개하는 데 있어 가장 핵심이 될 비전과 가치의 공유가 무엇인지를 보여준다.

당신이 배를 만들고 싶다면, 사람들에게 목재를 가져오게 하고 일을 지시하고 일감을 나눠주는 일을 하지 마라. 대신 그들에게 저 넓고 끝없는 바다에 대한 동경심을 키워줘라.

_생텍쥐페리

리더십:
센스메이커로 변신해라

기업의 CEO는 지금 그 어느 때보다도 불확실한 상황에 놓여 있다. 코로나19가 야기한 이 불확실성은 디지털 패러다임으로의 급속한 전환과 함께 더 커지고 있다. 누군가가 기업의 CEO에게 "당신은 앞으로 6개월 후의 사업 전망에 대해 어떻게 생각하십니까?"라고 물었을 때, 정확하게 이렇다 하고 말할 수 있는 사람은 얼마나 될까? 많지 않을 것이다. 먼 미래를 예측하는 것보다 사실 더 어려운 것이 중단기 전망이다. 예컨대 누구나 앞으로 SF영화 속 로봇의 시대가 올 것이라는 것을 알고 있다. 하지만 그런 변화가 우리의 사업 여정에서 얼마나, 어떻게 영향을 미칠지 판단하는 건 쉬운 일이 아니다.

그렇다면 조직의 리더가 언택트 시대의 비즈니스를 추진하는 데 있어 가장 중요한 것은 무엇일까? 밑에서 올라오는 수많은 과제의 실행 여부를 빠르게 결정하는 것일까? 아니면 조직의 체질을 근본적으로 바꾸려는 노력일까? 이것도 아니면, 조직 구성원이 디지털 라이프 비즈니스에 잘 대처할 수 있도록 적극적으로 동기를 부여해주는 것일까? 사실 이 모든 것이 조직의 리더에게 가장 중요하다.

그런데 이보다 더 중요한 것이 있다. 바로 변화를 빠르게 인지하고 대응하는 것이다. 맥킨지와 대한상공회의소가 2018년에 발표한 〈한국 기업문화 및 조직 건강도 2차 진단 보고서〉를 보면, 국내 대기업의 비전 공유 수준은 2016년 조사 대비 하락했다. 특히 직원들은 "미래가 보이지 않는다. 경영진도 뭘 해야 할지 모르는 것 같다."라고 대답했다. 조직의 하단에서부터 올라오는 대응 과제들이 여러 단계의 의사결정자를 거치다 보면, 이미 그 대응은 빠름에서 느림으로 급속히 바뀐다. 이를 막기 위해서는 리더가 변화를 빠르게 읽고 판단하는 능력이 그 어느 때보다도 중요하다. 2020년 5월에 발간된 〈하버드 비즈니스 리뷰Harvard Business Review〉의 "디지털 전환은 기술이 아닌 인재에 관한 것이다"라는 논문에서도 CEO가 강력하게 변화를 추진해야 디지털 전환이 가능하다고 강조한다. 변화의 속도가 빠른데 밑에서부터의 변화는 이 속도에 대응하기 어렵다는 것이다.

이런 상황에서 리더에게 필요한 것이 바로 센스메이킹sensemaking
이다. 센스메이킹은 단순하게 말하면 상황을 제대로 파악하고 대
응하는 능력이다. 이렇게 말하면 대부분의 리더는 센스메이킹하
고 있다고 확신한다. 매일 올라오는 다양한 보고서들이 사업환경
을 빠르게 파악할 수 있게 해주기 때문이다. 하지만 센스메이킹은
단순히 환경에 대한 이해에서 더 나아간다. 불확실한 환경 변화를
파악하고, 이를 바탕으로 실행하며 의미를 부여하는 일이다. 특히
자신의 의사결정이 '100% 맞다.'고 생각하기보다는 '그럴 가능성
이 있다.'라는 것에 초점을 둔다.

센스메이킹은 90년대 후반 IBM 전력연구 책임자 스티븐 H.
해켈Stephan H. Haeckel이 지금과 같이 불확실성이 높아진 상황에
서 기업의 미래상으로 제시한 '감지-반응 기업Sense-And-Respond
Organizations'과 맥락을 같이한다. 그 당시에도 과거 대비 불확실성
이 높은 경영환경이 형성되었기 때문이다. 그는《감지 - 반응 기
업》에서 감지, 해석, 결정, 실행이라는 감지-반응 프로세스를 제시
한다. 그래서 기업 경영에서 중요한 것은 제대로 된 상황 인식이
라는 점을 강조한다.

센스메이킹은 몇 가지 원칙이 있다. 첫 번째로 센스메이킹은
현재 진행형이다. 우리가 경험하고 있는 사건은 갑자기 어디서 튀
어나오는 것이 아니다. 어떤 사건이 영향을 준 것이고, 그 사건은
또 다른 사건에 영향을 주고 있다. 이 말은 사업환경의 변화를 이

해할 때는 단편적인 모습만 보는 게 아니라 맥락을 봐야 한다는 것을 강조한다. 그런데 많은 사람이 트렌드를 파악할 때 본질보다 현상에 집중한다. 만약 리더가 센스메이킹하지 못하면, 사업의 방향은 변화에 어긋날 수 있다.

두 번째는 회고의 과정이다. 우리는 과거로부터 학습한다. 한 사건을 경험하면 그 사건을 다시 되돌아보며 앞으로 있을 유사한 일에 대처한다. 하지만 이런 복기의 과정이 없다면 어떻게 될까? 동일한 사건에 잘 대처할 수 있을까? 코로나19도 마찬가지다. 메르스, 사스 사태를 통해 우리가 경험한 바가 많고 이에 대한 성찰을 제대로 하면 극복하기 쉬운 대상일 수 있다. 그런데 이 또한 지나가리라는 생각으로 있다면 어떻게 될까? 검은 백조는 물론이고 회색 코뿔소도 제대로 대응할 수 없다.

세 번째는 올바른 해석과 합리화이다. 조직의 리더에게 이 부분은 매우 중요하다. 결국 모든 결정은 리더가 하는데, 주어진 정보를 바탕으로 제대로 된 해석을 하지 못하면 어떻게 될까? 사업의 지속 가능성을 담보할 수 있을까? 더욱 최악의 상황은 제대로 된 해석이 없는 의사결정의 정당화다. 리더의 경험에 기반한 직관도 중요하지만 올바른 분석에 기반한 합리화가 더 중요하다. 지금의 세계는 직관만으로는 불확실성이 너무 크기 때문이다.

네 번째로는 그럴듯한 가능성이다. 기업의 모든 의사결정은 100% 그럴 것이라기보다는 '그럴 가능성이 높다'에 가깝다. 예컨대 앞으로는 무인화 서비스가 핵심이기 때문에 로봇으로 모든 서비스를 대체하자고 의사결정을 했다고 가정해보자. 분명 수많은 자료의 분석, 전문가 인터뷰에 기반해 이런 의사결정을 했지만 100% 확신할 수는 없다. 로봇 외에 또 다른 것이 나올 수 있고, 로봇 서비스로 또 다른 문제가 발생해 결국 인간으로 다시 돌아올 수도 있기 때문이다. 그런데 가끔 조직의 리더를 보면, 자신의 의사결정에 100% 확신을 가지고 이야기하는 경우가 많다. 기술은 기하급수적으로 발전하고, 사회의 변동성은 높아져 가는 사회에서 100% 확신한다는 말은 존재하지 않는다.

결국, 리더는 센스메이커가 되어야 한다. VUCA 시대에 의미를 발견할 수 있는 능력을 가져야 올바른 조직의 리더가 될 수 있다. 어떤 의미에서 지금 필요한 리더는 성찰하는 센스메이커형 리더이다. 빠르게 의사결정하고 실행하는 민첩한 리더, 조직의 혁신을 불러일으키는 변혁적 리더, 자기인식을 바탕으로 조직 구성원에게 긍정적 영향을 미치는 진정성 있는 리더. 과거부터 지금까지 수많은 리더십의 유형이 나왔지만 지금 필요한 리더의 본질은 센스메이킹이다.

데이터:
데이터는 모든 가치 창출의 토대이다

과거가 인재 전쟁이었다면, 지금은 데이터 전쟁이다. 〈이코노미스트〉는 코로나19가 삶의 모든 측면에서 데이터 기반의 서비스를 주입시키고 있다고 한다. 대통령 직속 4차산업혁명위원회 윤성로 위원장 또한 "신종 코로나바이러스 감염증(코로나19)을 계기로 비대면 문화가 확산되고 디지털 전환이 가속화돼 데이터의 중요성은 더욱 커질 것"이라고 말했다.

지금 모든 기업은 고객과 관련해 다양한 측면의 데이터를 수집하기 위해 노력을 기울이고 있다. 디지털 퍼스트 전장에서 데이터는 그 어떤 최신 무기보다 중요하다. 아무리 좋은 무기가 있어도 그 무기를 작동시키는 엔진인 데이터가 없다면 무슨 의미가 있을까? 디지털 라이프 비즈니스에서 데이터는 고객의 취향을 파악해 고객이 원하거나 추가로 살만한 제품을 추천해준다. 또 데이터는 고객이 왜 해당 제품을 구매하는지, 구매한다면 어떻게 사용할 것인지 등의 맥락 파악을 가능하게 한다. 이것뿐인가? 데이터만 있다면, 그 고객의 미래를 예측해 평생 고객으로 끌고 갈 수 있는 방법도 생각해볼 수 있다. 그만큼 데이터는 중요하다.

최근 롯데가 이커머스 쇼핑몰 롯데온을 오픈했는데, 여기서도 핵심은 데이터이다. 이 쇼핑몰은 온오프라인의 고객 데이터를 통합해 고객 맞춤 상품을 추천한다. 롯데가 보유한 롯데멤버스 유통 계열사 일곱 곳이 참여했고, 회원 3900만 명의 데이터가 그 원동력이다. 이를 통해 400여 가지로 상품 속성을 세분화해 고객을 위한 퍼스널 쇼퍼가 되겠다는 생각이다.

언택트 시대의 비즈니스 인사이트인 홈 블랙홀, 핑거 클릭, 취향 콘텐츠도 데이터가 핵심이다. 고객 데이터가 없다면 고객이 집에서 필요로 하는 서비스가 무엇인지 제대로 파악할 수 없다. 고객도 자신이 필요로 하는 서비스를 다 알 수 없기 때문이다. 예를 들어, 젊은 부부에게 인기 있는 스타일러에 대해 고객들은 아이디어를 가지고 있었을까? 고객이 가지고 있는 숨은 욕구를 찾아내는 데 있어 데이터는 중요한 역할을 한다. 홈 블랙홀에서 봤던 넷플릭스는 또 어떤가? 넷플릭스가 고객의 데이터를 제대로 분석할 수 없었다면 지금의 위치에 설 수 있었을까? 아마존도 마찬가지다.

제대로 된 데이터가 없다면, 우리는 지금 우리가 원하는 서비스를 제대로 받지 못하는 상황에 처했을 것이다.

오프라인 기업이 온라인으로 전환할 때의 이슈도 데이터이다. 우리는 오프라인 기업도 수많은 데이터를 가지고 있다고 생각한다. 하지만 데이터의 양보다 중요한 것은 데이터의 질이다. 아무리 많은 데이터를 가지고 있더라도 그게 흔히 말하는 불필요한 쓰레기 데이터라면 어떨까? 오히려 온라인으로 전환하는 데 장애요소만 될 뿐이다. 이는 기업 규모와 상관없다. 대기업도 마찬가지다. 수많은 계열사를 거느리고 있더라도 흩어져 있는 데이터가 통합되지 않으면 의미가 없다. 예를 들어, 대형마트를 이용하는 고객의 데이터가 같은 계열사의 의류 매장 고객 데이터와 연계되지 않는다면, 마트와 의류 매장의 데이터 통합은 의미가 없다.

실제로 많은 기업이 데이터를 보유하고 있지만 활용에서 어려움을 겪는다. 신도시처럼 계획된 형태로 설계되어 수집된 데이터가 아니라 과거부터 오랫동안 판매 정보 기록을 위해 축적된 데이터이기 때문이다. 황지영 교수의 《리테일의 미래》에는 대기업의 이런 현실을 잘 보여주는 사례가 나온다. 한 대기업은 80만 개의 데이터가 있지만 데이터가 계열사별로 분산되어 있고 통합도 어려워 활용을 못하고 있다고 한다.

그래서 빅데이터에 있어 중요한 건 데이터의 수집보다 데이터에 대한 큰 그림, 곧 기획이다. 과거 컨설팅사에서 빅데이터 사업

기획안을 작성할 때도, 빅데이터 분석가는 많았지만 빅데이터에 대한 전체 그림을 그릴 수 있는 기획자가 없어서 문제였다. 지금의 오프라인 기업의 문제도 마찬가지다. 과거 빅데이터란 개념이 없어서 단순 고객관리를 위한 데이터만 축적되어 있을 뿐, 실제로 이 데이터가 디지털 라이프 비즈니스 사업을 추진하는 데 있어 필요한 데이터를 축적하고 있을 가능성은 낮다. 특히 데이터를 통해 의미 있는 인사이트를 도출하고 이를 기반으로 실행하는 것이 필요하다. 그것이 곧 데이터가 가지고 있는 의미이다.

데이터는 디지털 라이프 비즈니스에 있어 모든 가치 창출의 토대이다. 이때 핵심은 피상적인 데이터보다 심층 데이터의 수집이다. 온라인 쇼핑몰에서 20대 후반 남성이 가방 하나를 구매했다고 생각해보자. 그러면 우리에게 남겨진 데이터는 어떤 브랜드의 가방을 얼마에 몇 개를 구입했는가이다. 여기에 성별, 연령, 지역 등의 인구통계학적인 데이터가 같이 있을 것이다. 이 데이터는 중요하다. 하지만 더 중요한 것은 무엇일까? 구매자가 어떤 과정을 거쳐서 이 가방을 구매했는지이다. 더 나아가 구매자가 어떤 상황에 처했기에 가방을 새롭게 구매했는지도 중요하다. 똑같은 가방을 구매했더라도 취업을 위해서 혹은 기존 가방이 낡아서 구매했을 수 있다. 브랜드는 어떤가? 이 남성이 쇼핑몰에 어떤 브랜드 가방을 둘러보다가 가방을 구매했는지, 구매 의사결정에 있어 이 가방은 높은 가격이었는지, 낮은 가격이었는지처럼 말이다. 이처럼 고객이 가방을 구매했을 때의 맥락이 더 중요하다.

《센스메이킹》의 저자 크리스티안 마두스베르그 Christian Madsbjerg 는 맥락과 문화를 표현하는 센스메이킹 데이터를 강조한다. 근본적인 이유에 집중하는 것이다. 그래서 그는 이렇게 말한다. "사실은 언제나 맥락 속에 존재하며, 사실을 분절적 데이터로 나누면 의미를 잃고 불완전해진다." 포스트 코로나 시대, 대표적인 서비스 중 하나인 구독 서비스도 마찬가지다. 지금의 맞춤 구독 서비스는 주로 간단한 설문을 기반으로 고객 맞춤 서비스를 진행한다. 고객들의 세세한 취향에 더 다가가기 위해서는 피상적인 데이터 외에 맥락 파악이 가능한 심층 데이터를 어떻게 수집하고 분석할지에 대한 고민이 필요한 시점이다.

디지털 전환의 시대, 데이터의 중요성은 누구나 알고 있다. 이제 우리에게 중요한 것은 지금 말한 것처럼 가치 있는 데이터를 수집해 고객도 모르는 진짜 취향에 맞춘 서비스를 제공하는 일이다. 과거부터 고객 맞춤이란 말은 계속 사용해왔지만 '나'를 위한 서비스는 없었다. 진정으로 고객 맞춤 서비스가 무엇인지 고민할 때이다.

고객 경험:
디지털에 경험을 입히다

　'경험'이란 단어는 과거나 현재나 변함없이 중요하다. 당연히 미래에도 경험의 가치는 높아질 것이다. 로봇사회가 온다하더라도 경험을 접하는 방법이 달라질 뿐, 경험 그 자체의 가치는 사라지지 않는다. 미래학자 롤프 옌센Rolf Jensen은《드림 소사이어티》에서 경험의 가치를 강조했다. 그래서 그는 미래 사회는 "꿈과 감성을 파는 사회"라고 말한다. 언택트 시대 또한 마찬가지다. 언택트하다고 해서 경험의 가치가 사라지는 것은 아니다. 그렇다면 디지털 전환의 시대, 고객 경험과 관련해 우리가 던져야 할 질문은 무엇일까?

　오프라인 사업이 디지털로 전환될 때 고객 경험은 어떤 의미를 가질까? 고객에게 전달해야 할 가치는 무엇일까? 그 가치는 오프라인과 같은가, 다른가? 고객이 디지털 속에서 어떤 경험을 하게 할 수 있을까? 공간을 체험하지 못할 때, 고객들은 어디에서 디지털 경험의 매력을 느낄 수 있을까? 오프라인의 고객 경험을 느끼고 싶은 고객은 어디서 그 욕구를 해결할까? 이 모든 질문이 언택트 시대에 우리가 던져봐야 할 사항이다. 단순히 온라인과 오프라인을 융합한다는 생각을 넘어 고객 경험과 가치를 어떻게 바라봐야 할지에 대한 근본적인 고민이 필요한 때이다.

지금 온라인 서비스들은 고객 경험을 개인에게 맞추고 있다. 고객의 세부 데이터를 수집하고 분석해 고객이 필요로 하는 서비스를 추천해주거나 고객 맞춤형 상품을 만들어주는 등의 고객가치를 제안한다. 디지털 전환에 있어 이런 고객 경험은 분명 고객에게 오프라인이 제공하는 가치, 그 이상일 것이다.

또 다른 고객 경험은 무엇이 있을까? 그것은 오프라인 경험이다. 2013년 패스트 컴퍼니Fast Company에서 선정한 세계 최고 혁신 기업 중 한 곳은 나이키였다. 나이키는 신발을 제조하는 전통적인 제조업이었다. 그런데 이런 나이키가 세계 최고의 혁신 기업으로 선정된 이유는 무엇일까? 그것은 디지털 전환과 함께 고객 경험의 혁신에서 찾을 수 있다. 나이키는 2010년 디지털 스포츠팀 신설 이후, 나이키 플러스Nike+라는 서비스를 출시했다. 이 서비스는 고객의 운동 행태를 측정할 수 있는 것으로 나이키 앱을 통해 이용할 수 있다. 나이키는 이 서비스로 나이키를 사랑하는 많은 고객이 서로의 경험을 공유할 수 있는 플랫폼 기반을 마련했다. 나이키는 2006년 애플과 함께 나이키×아이팟, 2012년 나이키×마이크로소프트, 2016년 나이키×애플워치 등의 제품을 출시했다. 자체적으로도 나이키는 2013년 체력 훈련용 나이키 트레이닝 클럽, 2014년 달리기용 나이키 런 클럽 앱을 출시했다. 나이키는 이 서비스들을 통해 나이키만의 디지털 고객 경험을 만들었고, 이는 나이키의 성장 원동력이 되었다. 나이키는 2019년 매출은 391억 달러, 의류 브랜드 가치는 324억 달러로 의류 브랜드 중 1위다.

이 서비스들은 단순히 디지털로의 전환이란 의미를 넘어, 나이키라는 브랜드의 팬덤을 형성하는 기반이 되었다. 언택트 시대, 팬덤은 중요하다고 앞서 말한 바 있다. 팬덤은 고객 경험 창출과

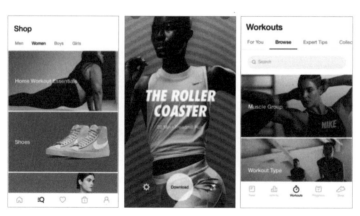

나이키 고객을 위한 다양한 앱 ©Nike

확산의 핵심 기반이다. 현재 나이키 플러스는 1억 명의 멤버십 회원을 확보하고 있다. 나이키는 소비자 직접 판매를 통해 나이키 고객만을 취한 차별화된 가치를 제공하고 있다. 나이키의 소비자 직접 판매 비중은 2012년 전체 매출의 16%에 불과했으나 2019년 32%까지 확대되었다.

또한 나이키는 오프라인 매장과 디지털 기술을 결합한 나이키 라이브 매장을 통해 차별화된 가치를 제공한다. 2018년 7월 나이키는 로스앤젤레스에 '나이키 바이 멜로즈' 매장을 오픈했다. 이 매장은 해당 지역의 나이키 플러스 이용 고객 데이터 분석을 통해 지역 맞춤 제품 및 서비스를 제공한다. 고객은 나이키 앱으로 제품 바코드를 스캔해 크기, 색깔, 재고 등의 제품 관련 정보를 확인할 수 있다. 온라인 주문 후, 매장에서 제품을 가지고 갈 수 있는 것은 기본이다. 이외에도 브라 피팅, 러닝 테스트 존 등이 있다.

나이키는 새로운 고객 경험을 제공하기 위한 나이키 하우스 오브 이노베이션 매장도 보유하고 있다. 이곳에서도 다양한 디지털 기술이 결합된 매장을 경험할 수 있다. 마네킹이 입고 있는 옷을 QR코드로 검색할 수 있는 서비스, 나이키 앱을 활용한 결제 서비스, 제품 바코드 스캔을 통한 정보 확인 서비스, 원하는 장소에서 스캔 제품을 픽업할 수 있는 서비스 등 다양하다. 지금도 나이키는 디지털 혁신을 가하며 2019년 7월에는 나이키 핏 서비스, 8월에는 구독 서비스를 출시했다.

구독 서비스는 유아와 어린이를 대상으로 하는 '나이키 어드벤처 클럽'이다. 2~10세 아이를 타깃으로 신발 사이즈는 21단계로 구분되어 있고, 월 20달러를 내면 연간 네 켤레의 신발을 3개월 간격으로 받아볼 수 있다. 자녀를 키워 본 사람이라면 알겠지만, 아이들의 발이 빨리 자라서 고객의 니즈가 충분한 서비스이다. 이 서비스를 통해 부모들은 100여 가지 이상의 운동화를 고를 수 있다.

나이키의 디지털 전환 사례는 오프라인 중심 기업이 어떻게 언택트 시대를 준비해야 하는지를 알려준다. 오프라인 기업은 물리적 시설을 통해 지금까지 차별화된 고객 경험을 제공했다. 예컨대 카페는 커피를 파는 것이 아닌 공간을 팔았다. 카페를 방문하는 사람들이 카페에서 무엇을 하는지를 본다면, 카페는 분명 공간 사업이고 고객들은 그곳에서 경험 가치를 획득했다.

일본의 츠타야Tsutaya는 "라이프스타일을 판다."라고 말한다. 츠타야의 CEO 마스다 무네아키는 츠타야의 본질은 매장이 아니라 '지知의 스토리지storage'라고 말한다. 이처럼 오프라인 공간은 사람의 정서를 자극하는 곳이다. 그래서 매장을 둘러보며 충동구매도 가능하고 수많은 상품과의 접촉을 통해 상품이 주는 감성가치도 느낀다. 전자책이 아닌 잡지 같은 제품도 마찬가지다. 〈이코노미스트〉는 독자들에게 스마트해지는 느낌을 팔았다. 그래서 이코노미스트 부편집장 톰 스탠지Tom Standage는 "우리는 젊은 독자들이 〈이코노미스트〉를 사회적 상징으로 원한다고 생각합니다. 디지털 판으로는 자신이 이 잡지를 읽고 있다는 걸 남들에게 보여줄 수 없잖아요."라고 말한다.

그런데 온라인은 어떤가? 지금의 고객 경험은 쇼핑몰 내에서 빠르게 제품을 구매하고 찾을 수 있는 것에만 초점을 둔다. 가끔은 수많은 리뷰를 검토하며 제품 구매를 결정한다. 이런 경험은 오프라인 대비 온라인의 단점이다. 그래서 《아날로그의 반격》을 집필한 데이비드 색스David Sax는 "경험을 전달하는 일은 오프라인 매장의 강점이자 온라인 매장의 약점이다."라고 강조한다. 언택트하지만 콘택트한 느낌이 날 수 있는 방법은 무엇일까?

마스다 무네아키는 '온라인에서의 체온'에 대해 사람들이 스마트한 매장을 이용하는 순간, 주변 지인들에게 이 사실을 알려줘 서로 연락할 수 있게 해주면 좋지 않을까라는 아이디어라고 말한다. 하나의 아이디어지만 온라인과 오프라인의 강점을 어떻게 결합시킬 수 있을지에 관한 작은 힌트가 될 수 있다. 때론 멀리 떨어져 있던 친구가 우연치 않게 주변에 있을 경우, 서로의 안부를 물을 수 있는 좋은 계기가 될 수 있다. 이를 좀 더 확대하면 자신이 즐겨 찾는 온라인 커뮤니티가 있다면 자신의 일상을 알려주며 서로의 일상을 즐길 수도 있을 것이다. 사람들이 SNS상에 자신의 일상을 찍어서 공유하는 것처럼 말이다. 그 커뮤니티의 역할을 오프라인 매장이 할 수 있다면 더할 나위 없이 좋지 않겠는가?

생산성:
일의 기본은 가치 기반의 성과다

언택트 시대, 조직 운영에서 가장 중요한 것이 무엇일까? 바로 생산성이다. 일하는 방식은 대면에서 비대면으로, 서비스는 사람 중심에서 로봇 중심으로 바뀐다. 또 접촉할 수 있는 고객 측면에서 오프라인 매장은 한계가 있지만 온라인은 그 한계를 뛰어넘는다. 이러한 상황에서 기업은 디지털화된 조직의 생산성을 높일 방안을 찾아야 한다.

생산성 포커스에서 다뤘던 재택·원격근무는 단순히 일하는 방식의 변화가 아니다. 비대면에 따른 커뮤니케이션의 문제, 구성원의 성과 관리의 문제 등 모든 이슈가 조직의 생산성에 초점을 두고 있다. 앞서 본 재택·원격근무에 대한 설문에서도 업무의 효율성은 중요한 이슈였다. 재택을 하는 경우에는 일과 가정의 분리가 안 되는 상황을 어떤 방식으로 풀어가야 하는지, 원격으로 한다면 구성원이 정말로 일에 몰입하고 있는지 등의 생산성 이슈가 나타날 수 있다.

우리가 어쩔 수 없이 재택·원격근무를 해야 한다면, 결국 이에 맞는 조직의 운영 및 관리 방식의 전환이 필요하다. 역량평가, 성과평가, 다면평가 등에서 각 평가의 비중은 어떻게 조정해야 하는지, 세부 평가항목에서 수정하거나 보완할 것은 없는지 검토해야 한다. 그렇다고 '일'에 초점을 둔다면 어떻게 될까? 재택·원격근무가 제대로 될까? 재택·원격근무를 하는 데 있어 직원들은 고립감과 외로움을 느낀다. 이는 직원이 일에 몰입하지 못하는 원인이 될 수 있다. 그런 면에서 생산성은 일과 사람 모두에 중점을 둬야 한다. 단순히 투입 대비 성과라는 사고방식으로 접근하면 오히려 업무 성과에 해가 될 수도 있다.

사실 생산성은 모든 일의 기본 가치다. 아무리 대면 방식으로 일을 해도 생산성이 나오지 않는다면 무의미하다. 일의 의미를 떠나 기업은 지속 성장을 위해 생산성을 높여야 한다. 그런 면에서 디지털 노마드 같은 '긱^{gig} 마인드'가 필요하다고 본다. 긱 경제는 정규직보다 임시직이나 계약직의 고용이 늘어나는 상황을 말한다. 이는 디지털 전환과 함께 수많은 플랫폼의 등장으로 활성화되고 있다. 예를 들어, IT 개발자라면 회사에 소속되어 있지 않더라도 위시캣이라는 IT 아웃소싱이란 플랫폼을 통해 일자리를 구할 수 있고, 회사는 임시로 개발자와 계약을 통해 프로젝트를 추진할 수 있다. 재능플랫폼 크몽이나 숨고, 배달의민족, 브롱 등의 배달 플랫폼 등이 이를 대표한다.

기업 입장에서는 생산성을 높이기 위해 긱 마인드가 조직에 확산될 수 있도록 해야 한다. 임시직과 계약직의 비중을 확대하는 게 아닌, 일을 프로젝트 형태로 하도록 만드는 것이다. 마인드 혁신과 함께 말이다. 재택·원격근무가 모든 직무에 적용할 수 없는 것처럼, 이 또한 마찬가지다. 하지만 이렇게 적용할 수 있는 직무를 찾아 테스트를 해보는 것이 필요하다. 이런 긱 중심의 조직 운영은 직원의 생산성과 업무 성과로 자연스럽게 연결될 수 있다. 굳이 정교한 성과 관리가 아니더라도 직원 스스로 자신의 일을 관리하고, 성과를 창출하기 위한 방안을 마련할 수 있다. 앞서 본 국내 기업의 조직문화 관련 보고서에서도 맥킨지는 한국 기업문화의 근본적 혁신을 위해 소규모 팀을 통해 업무의 시작부터 끝까지 책임을 지고 수행할 수 있는 문화를 만들어야 한다고 강조했다.

미래학자 마이크 월시Mike Walsh 또한 이와 같은 맥락에서 언택트 시대 조직 운영 방안을 이야기한다. "원격근무는 조직에 새로운 규율을 강요하고 이는 새로운 경영 관행으로 이어질 것이다. 직원들이 몇 시에 출근하고 퇴근하는지 점검하기보다는 성과와 데이터를 기반으로 평가해야 한다. 변화하는 시장 상황에 더욱 신속하게 대응하기 위해서는 경험보다 데이터에 기반하는 소규모 팀이 더 많은 권한을 가질 것이다."라고 주장한다.

조직에서 '팀'이 중요하지만 언택트에 따라 팀의 의미는 달라질 수 있다. 조직도에 따른 팀은 더 이상 의미가 없다. 조직도를 벗어나 프로젝트에 따라 누구나 리더가 될 수 있는 전문가 조직이 만들어져야 한다. 언택트라고 해서 단순히 각자도생의 사고를 가지고 업무를 하는 것이 아니다. 단지 정형화된 조직의 틀에서 벗어날 뿐이다. 이미 피터 힌센은 《뉴 노멀》에서 새로운 세대는 조직도상의 자신의 위치보다 "지식의 축적과 경험의 습득"이 중요하다고 했다. 이로 인해 조직 구성원은 "한 프로젝트를 마치면 다음 계약으로 넘어가는 식으로 스스로의 경력을 만들어가야 한다."고 주장한다.

이런 조직은 디지털 전환에 따른 이슈, 지금과 같은 검은 백조에 쉽게 대응할 수 있는 기반이 된다. 지금은 어떤 이슈가 발생하면, 사일로Silo 현상으로 인해 어려운 문제해결을 위한 책임을 떠맡지 않으려 한다. 핑퐁게임을 하듯 서로가 문제를 책임지지 않으려는 부정적 집단문화가 발생한다.

이때 긱 중심 조직은 전문성을 중심으로 이슈 대응 조직이 마련되고, 그에 따른 성과는 해당 프로젝트 조직이 가져간다. 이런 구조에서는 굳이 생산성 관리를 위한 엄격한 관리가 필요 없다. 긱 중심 조직은 조직의 사일로 현상을 타파할 수 있고, 조직 내 다양한 구성원과의 약한 연결 관계를 만들 수 있다. 불확실한 환경에서는 강한 연결 관계보다 유연하게 대응할 수 있는 약한 연결 관계가 오히려 좋은 성과를 창출할 수 있다. 넷플릭스의 조직문화에서 본 것처럼 약한 연결은 디지털 전환의 시대에 민첩한 조직을 만드는 데 도움이 된다.

요즘 말하는 애자일Agile 조직도 마찬가지다. 조직이 민첩하게 대응하려면 프로세스 중심으로 탐색, 기획, 검토, 실행 순으로 관련 조직에서 일이 진행되어서는 힘들다. 단순하게 생각하면 결제 단계가 많아질수록 조직의 민첩성은 떨어진다. 결제 단계가 늘어날수록 필요한 시간이 선형적으로 늘어나는 게 아니라 기하급수적으로 늘어난다. 이는 아무리 유능한 인재를 보유하고 있어도, 디지털 전환을 위한 조직의 민첩성을 확보하자는 공언을 무의미하게 만든다.

무인화도 마찬가지다. 단순히 인력을 로봇으로 대체한다고 해서 생산성이 높아질 수 있는지 검토해야 한다. 패스트푸드 같이 대면을 통한 고객과 직원 간의 교감이 없는 매장은 무인화로 인해 효과를 볼 수 있다. 하지만 패션, 뷰티 등은 어떨까? AR/VR 기반의 키오스크를 통해 고객이 옷을 입을 때의 모습을 보여주고 이를 바탕으로 추천하는 것이 정말로 매장 직원보다 더 효과가 있을까? 대면을 통해 고객의 감성적 가치를 높여주는 일에서는 로봇보다 사람이 더 효과적일 수 있다. 우리가 이런 매장에서 제품을 구매하는 것은 단순히 그 옷을 구매하는 것보다는 다른 사람에게 보여줄 수 있는 자기만족감이 더 크기 때문이다. 오프라인 공간의 핵심은 고객 경험과 감성이다. 이 가치가 필요한 곳에 무조건 무인화 서비스를 도입하는 것이 타당할까? 이것이 생산성을 더 높일 수 있는 방안일까?

카페는 어떨까? 저가 매장과 고가 매장이 있다고 할 때, 어느 쪽이 무인화로 인한 효과가 더 클까? 테이크아웃 전문점과 그렇지 않은 매장은? 드라이브 스루는 또 어떨까? 서비스의 무인화는 필요하지만 그 서비스의 가치를 생각하고 무인화를 도입할 때 기업의 생산성이 높아질 수 있다.

조직문화:
구성원의 경험이 곧 조직문화다

포스트 코로나 시대와 관련해 기업에 관해 이야기하면 표면적으로 보이는 재택·원격근무, 무인화, 로봇 관련 주제가 많이 나온다. 하지만 이보다 더 중요한 것이 있다. 바로 조직문화다. 조직문화는 포스트 코로나 시대를 대비하는 데 있어 조직의 방향을 하나로 설정하고 응집력 있게 하는 중요한 기반이다. 이미 밀레니얼 세대, Z세대의 등장으로 기업의 기존 조직문화는 크게 흔들리고 있는 상황에서 조직문화는 빼놓을 수 없는 요소다.

주변을 둘러보면 사람들이 조직문화에 얼마나 관심이 있는지 알 수 있다. 《90년생이 온다》는 초대형 베스트셀러가 되었고, 그 이후로도 밀레니얼 세대와 관련된 수많은 책이 출간되었다. 게다가 기업은 기존의 수직적이고 집단적인 조직문화가 더는 지금의 세대에게 맞지 않다는 것을 깨닫고 조직문화 혁신에 나서고 있다. 기업들의 조직문화, 밀레니얼 세대 이해와 관련된 교육이 증가하는 것만 봐도 충분히 알 수 있다. 이 상황에서 비대면 중심의 일하는 방식은 조직문화에 균열을 가하기에 충분하다. 얼굴을 보면서도 하나의 조직문화를 만드는 데 어려움이 있는데, 재택·원격근무는 더 어려워질 수밖에 없다. 기업의 외부 상황은 빠르게 변하기 위해 조직의 역량을 결집해야 하는 처지에 놓여 있다. 그런데 내부에서의 변화 물결은 기업이 언택트 시대를 어떻게 버텨내야 할지 더 어렵게 만들 가능성이 커지고 있는 것이다.

정리하면, 외부에서는 새로운 제품에 대한 고객의 니즈는 높아지며 제품의 교체주기는 짧아지고 있다. 한편 내부에서는 일하는 방식부터 조직의 문화까지 새로운 변화가 강하게 요구되고 있다. 기존의 사고방식과 틀을 바꾸고 싶지 않아도 바꿔야 하는 상황이다. 그런 면에서 언택트 시대에 적합한 조직문화는 무엇인지, 구성원은 어떻게 기업의 조직문화를 이해하고 거기에 맞는 가치와 원칙에 기준해 행동할 것인지가 중요한 이슈이다. 2016년 맥킨지 디지털 조사에서도 디지털 전환의 가장 큰 걸림돌로 기술적인 것보다 조직문화를 언급했다. 디지털 인재, 디지털 트렌드 이해, IT 인프라가 1순위가 아니었다. 결국 조직문화가 뒷받침되지 않는다면, 변동성이 높은 언택트 시대에 기업이 살아남기는 쉬워 보이지 않는다. 조직 구성원이 하나로 응집되지 않는 상황에서는 회색 코뿔소든 검은 백조든 기업은 새로운 위기에 봉착할 수밖에 없다.

그렇다면 언택트 시대에 하나의 조직문화를 만들기 위해선 무엇이 필요할까? 크게 세 가지다. 개인 수준에서는 마인드 혁신, 팀 수준에서는 팀쉽teamship, 조직 수준에서는 가치공유다. 마인드 혁신을 근간으로 조직의 가치가 공유될 수 있도록 하는 게 목표다. 마인드 혁신부터 살펴보자. 지금까지 우리는 조직문화라고 하면 개인이 조직의 문화를 이해하고 공유하는 데 초점을 두었다. 하지만 언택트 시대에는 억지로 "우리 기업의 조직문화는 이것이다." 라고 하더라도 조직 구성원이 이를 수용할 가능성은 낮다. 아무리 IT 인프라로 사무실과 같은 환경을 꾸미고 다양한 툴을 활용해 다른 팀원과 소통한다 하더라도 대면만큼의 관계를 갖기는 어렵다. 그렇기 때문에 구성원 자체가 현재의 상황을 이해하고 스스로 마인드 혁신을 할 수 있도록 하는 것이 필요하다.

자신의 인생 경로에서 기업은 어떤 의미를 가지는지, 자신의 정체성을 기업의 일에서 어떻게 찾을 수 있는지, 내가 왜 이 일을 하고 이를 통해 어떤 사회적 가치를 창출할 수 있는지를 알려줘야 한다. 개인 - 기업 - 사회로 이어지는 연결고리를 만들어 자신의 일에 스스로 몰입할 수 있는 마인드 혁신을 지원해줘야 한다. 앞서 봤듯이 재택·원격근무의 이슈 중 하나로 외로움이 있다. 기업에서는 언택트에 따른 직원의 외로움 관리를 통해 조직 구성원과의 관계를 친밀히 하여 개선할 수 있는 기반을 마련하는 것이 중요하다.

언택트하면 또 떠오르는 것이 각자도생이다. 현재 전 세계 국가들이 코로나 확산을 막기 위해 입국 금지를 하는 것처럼 말이다. 어찌되었든 코로나19는 서로 간의 접촉을 가능한 피하게 만들었다. 한편으론 국가 간의 연대와 협력을 통해 이 위기를 극복하고 있다. 이런 상황은 기업에도 마찬가지다. 기업은 재택·원격근무로 인해 각자도생의 길을 간다. 굳이 서로 보지 않는 상황에서 누군가를 챙겨주는 건 사실 어렵다. 사무실에서 근무할 때면 서로가 도움이 필요할 때, 바로 부탁을 통해 일을 처리할 수 있었다. 하지만 재택·원격근무를 한다면 어떨까? 비대면의 상황에서는 서로가 낯설게 느껴지는 순간 홀로 일을 하게 된다. 언택트 시대에 맞는 일의 가이드라인을 만들어도 마찬가지다.

그래서 새로운 세상에 적응하기 위해서는 오프라인을 통해 정기 미팅을 가질 수도 있지만 온라인상에서 어떻게 서로가 서로에 대한 이해를 높이고 하나의 팀을 만들 수 있는지 방안을 찾아봐야 한다. 이를 통해 각자도생에서 팀쉽이 있는 조직으로 거듭나야 한다. 과거처럼 서로 간의 끈끈한 유대관계를 형성할 필요는 없지만, 최소한의 관계는 가져가도록 하는 것이다. 과거 재택·원격근무를 해본 경험으로 보았을 때, 사전에 서로 간의 업무를 분담하고 메신저를 통해 커뮤니케이션도 하지만 여전히 내가 어떤 팀에 속해서 일한다는 느낌은 거의 없었다. 그냥 내게 주어진 목표는 이것이기 때문에 그냥 그 목표를 위해 달려가고 있다는 생각만 들었다. 서로 도와주는 것도 마찬가지다. 보이지 않으니 도와달라고 하는 것도, 도와주는 것도 낯설게 느껴졌다.

마지막으로 가치공유다. 앞으로 조직의 가치를 공유하는 일은 단순히 집합교육이나 워크숍을 통해서 이루어지기 어렵다. 언택트한 환경에서 형식적인 가치공유는 실행으로 연결되기 어렵기 때문이다. 기업은 조직 구성원들에게 회사가 추구하는 가치를 어떻게 심어줄지에 대한 고민이 필요하다. 예컨대 기업의 가치가 반영된 일하는 방식의 가이드라인을 만들 수도 있다. 또 앞서 본 깃랩처럼 재택·원격근무 시의 행동지침을 통해 자연스레 기업의 가치가 스며들게 할 수 있다. 또는 서로 간의 정기적인 토론으로 현재 자신의 일이 기업의 가치와 어떻게 연결되어 있는지 논의해볼 수도 있다. 어떤 형태로든 기업의 가치에 대해 조직 구성원과 지속적인 커뮤니케이션을 할 수 있을지를 찾아야 한다.

지금까지 설명한 마인드 혁신, 팀쉽, 가치공유를 어떻게 할 것인가는 깃랩의 조직문화를 위한 비공식 커뮤니케이션 방법을 보면 의미 있는 시사점을 얻을 수 있다. 앞서 본 세계 최대의 재택근무 회사 깃랩은 언택트 환경 속에서 콘택트하기 위해 의도적으로 비공식 커뮤니케이션에 중점을 두고 있다(깃랩의 비공식 커뮤니케이션 방법에 대해서는 홈페이지에 자세히 기술되어 있다). 깃랩은 직원 간 유대감 형성이 조직의 신뢰 구축에서 중요하다고 생각한다. 특히 회사에서의 동료 관계가 일을 즐기고, 높은 성과를 창출하며 회사에 열정을 가지고 일할 수 있도록 지원하며 다른 동료를 도와줄 수 있는 가능성이 높다고 생각한다.

비공식 커뮤니케이션 방법은 다양하다. 브레이크아웃 통화, 사교 시간, 방문지원금, 장기자랑, 커피채팅, 주스박스채팅, 타 팀과의 통화 등이 있다. 이런 비공식 커뮤니케이션을 위해 줌, 슬랙, 구글캘린더, 구글독스를 활용한다.

각각의 비공식 커뮤니케이션 방법에 대해 간단히 살펴보면, 브레이크아웃 통화는 업무와 관련이 없는 주제에 대해 소그룹을 구성해 10~15분 동안 이야기를 나누는 것이다. 사교 시간은 팀원 간에 이루어지는 전화로 개인적인 것을 알아갈 수 있는 시간이다. 방문지원금은 팀원들이 서로를 방문할 수 있도록 일인당 150달러를 지원해주는 것이다. 장기자랑은 자신의 재능을 보여주는 쇼로 심사위원과 경품도 있다. 커피채팅은 깃랩의 모든 직원과 커피를 마시며 이야기를 나눌 수 있는 시간으로 조직 내 다른 팀원과 임의 매칭을 통해 이루어진다. 가장 재밌는 것은 주스박스채팅은 직원의 가족들이 참여해 캠핑 등 다양한 주제로 이야기하는 것이다. 재택근무를 하다 보면, 직원 가족들과 전화통화를 통해 간접적으로 마주칠 수 있는 기회가 있는데 이 또한 원격근무의 일부라고 생각하기 때문이다. 마지막으로 타 팀과의 통화는 두 팀이 원격으로 만나 대화를 하는 것이다. 이외에도 점심 식사를 공유하는 가

깃랩의 가상점심테이블 © GitLab

상점심테이블도 있다. 이런 모든 비공식 커뮤니케이션은 조직 간, 구성원 간, 심지어 가족과도 신뢰를 형성할 수 있는 중요한 기반이 된다.

깃랩은 비공식 커뮤니케이션을 통해 디지털 경험의 인간화를 실천한다고 강조한다. 생산성 부분에서도 봤듯이 고립감, 외로움은 언택트 시대 중요한 변수이다. 불확실하고 빠르게 변하는 포스트 코로나 시대에 신뢰하고 의지할 수 있는 조직문화 구축은 중요할 것이다. 언제나 그랬듯 '사람'은 언택트 시대에도 중요하다. 언택트한 조직문화가 따로 있는 것이 아니다. 커뮤니케이션의 방법만 바뀌었을 뿐이다. 일하는 방식처럼!

언택트 시대, 또 다른 기회를 찾아서

언택트는 이제 일상화가 되었다. 이는 새로운 변화에 새로운 사고방식이 요구된다는 의미다. 과거 인터넷이 등장한 후, 인터넷이 공기처럼 일상화된 것처럼 말이다. 그렇다면 언택트 시대, 우리에게 주어진 과제는 무엇일까?

지금까지 이야기한 언택트 시대 디지털 비즈니스 라이프 인사이트는 우리가 앞으로 어디에 좀 더 집중해야 하는지를 알려준다. 집의 재발견이라 할 수 있는 홈 블랙홀, 온라인의 급부상인 핑거 클릭, 나만의 취향을 재발견하는 취향 콘텐츠, 언택트에 따른 기업의 생산성 이슈를 다룬 생산성 포커스까지. 이외에도 수많은 언택트 비즈니스와 관련된 키워드가 있을 것이다. 예컨대 현금이 없는 캐시리스cashless, 위생관리 등이 있다. 어떤 것이든 지금 우리에게 중요한 것은 우리가 마주한 이 현실을 어떤 관점에서 보고 대처할 것인가이다.

프롤로그에서 언급했듯이, 위기인지 기회인지는 보는 관점에 따라 다르다고 했다. 내가 어떤 포지션에 있을 것인지에 따라 대응의 방법도 당연히 달라진다. 언택트는 새로운 패러다임의 전환에 가깝다. 정부에서도 이런 패러다임 전환에 발맞춰 2020년 5월 DNA+US라는 디지털 뉴딜 정책을 제시했다. 이는 데이터Data, 네트워크Network, 인공지능AI, 언택트Untact, 디지털 인프라Digital SOC의 약자다. 이 정책에도 언택트는 한 꼭지를 차지하고 있다. 비대면 관련 ICT 일자리를 창출하겠다는 게 정부의 의지다. 이 뉴딜 정책도 큰 틀에서 보면 언택트 비즈니스 전략에 가깝다.

포스트 코로나 시대는 이미 우리 곁에 다가와 있다. 다만 우리가 이를 얼마나 잘 인식하고 중요하게 여기느냐의 차이일 뿐이다. 과거부터 지금까지, 그리고 미래에도 이런 변화는 계속해서 일어날 것이다. 수많은 변화의 파편들이 축적되어 빅뱅처럼 한순간에 우리의 삶을 바꿀 것이다. 우리는 지금 그런 변화에 익숙해지기 위한 한 발을 잠시 디뎠을 뿐이다.

어떤 변화가 오든 언택트 시대의 비즈니스에 있어 우리가 기억해야 할 것은 단 세 가지, 고객, 가치, 의미이다. 먼저 고객이다. 기술이 발달하던 발달하지 않던, 우리는 언제나 고객을 기반으로 비즈니스를 펼쳐왔다. 공급과 수요의 법칙처럼 고객이 없으면 비즈니스도 없다. 언택트 시대에서 앞서 제시한 네 가지 키워드의 고객은 누구인지, 고객의 라이프스타일은 어떻게 변하는지, 우리가 생각하지 못한 고객의 니즈는 무엇인지, 역으로 고객이 생각하지 못하는 니즈는 무엇인지 고민이 필요하다. 탈레스 테이세이라 Thales Teixeira가 《디커플링》에서 결국은 고객이라고 말한 것처럼 고객은 어떤 파괴적 기술이 나와도 중요할 수밖에 없다. 우리 주변에는 우리를 현혹시키는 수많은 단어가 있다. 4차 산업혁명, AI, 빅데이터, AR/VR 등 말이다. 이 모든 단어에는 항상 그 기술이 누구를 위해 어떤 이유로 사용하는지와 관련된 '고객'이 빠져 있다. 기술의 진화가 중요한 것이 아니라 그 기술이 지금 우리 주변의 고객들에게 얼마나 필요한 것인지 파악하는 게 중요하다.

두 번째로 가치다. 디지털 라이프 비즈니스는 고객의 개인화된 가치에 중점을 둔다. 이미 우리 사회는 개인화되어 가고 있다. 일인 가구는 계속해서 늘어나고 있고 사람들의 가치 또한 집단에서 개인으로 전환되고 있다. 과거의 사고방식으로 한 개인을 대규모의 특정 집단에 속한 사람으로 봐서는 앞으로 다가올 미래에 대처할 수 없다. 과거부터 지금까지 '개인화'는 비즈니스에서 항상 이슈였다. 10년 전에도, 20년 전에도 '개인화', '고객맞춤'이란 말은 비즈니스에서 언급되지 않은 적이 없다. 어떻게 보면 각자도생의 시대가 될 수도 있는 언택트 시대에 한 개인에게 우린 어떤 가치를 제시할 수 있을지 고민해야 한다. 단순히 우리 제품은 이런 가치가 있다를 넘어 초개인화된 사람을 대상으로 세분화된 니즈가 무엇인지 찾고 그에 맞는 가치를 제시해야 한다. 기술의 발달은 이런 개인화된 가치가 무엇인지를 알려줄 수 있다. 그 기술이 사물인터넷이든, AI든, 빅데이터든 아니면 이 모든 것이든 그것은 중요치 않다. 중요한 건 우리가 제시하는 가치가 초개인화된 사람들의 가치와 부합한지 여부이다.

마지막으로 의미다. 언택트는 '사람'에게 집중하는 시대를 만들었다. 언택트 세상인데 왜 사람이 더 중요한지 생각할 수도 있다. 하지만 인간은 사회적 동물이라는 명제처럼 언택트하면 할수록 사람들은 콘택트하고 싶어한다. 단지 콘택트하고 싶은 대상이 나와 취향이 맞는지, 대다수인지 소수인지만 다를 뿐이다. 예컨대, 취향 콘텐츠에서 제시한 소부족 사회는 겉으로는 취향을 모으는 소수의 집단이지만, 개인 입장에서는 삶의 의미를 찾기 위한 활동이다. 홈 블랙홀도 마찬가지다. 사람들은 집이라는 공간에 격리된 상황에서 의미를 찾을 수 있는 것이 무엇인지를 찾기 시작한다. 그래서 집에서 할 수 있는 다양한 놀거리, 일거리를 찾는다.

기업에서도 마찬가지다. 재택·원격근무가 진행되면 될수록 사람들은 외로움과 고립감에 빠질 가능성이 높다. 생산성 포커스에 제시된 조사결과처럼 말이다. 그럴수록 사람들은 '의미'에 집중한다. 일의 의미가 무엇인지, 그 일이 나에게 어떤 의미를 가지는지, 이것이 사회적으로는 또 어떤 의미를 지닐 수 있는지를 묻게 될 것이다. 결국 의미를 찾는 이런 행위들은 콘택트하고 싶어 하는 사람들의 숨은 욕구가 담겨져 있는 것이다. 그래서 디지털 라이프 비즈니스 전략의 요건으로 조직문화가 들어있는 것도 같은 맥락이다. 단순히 조직이 원하는 문화를 만드는 게 중요하지 않다. 디지털 전환을 위한 애자일 조직도 중요하지만, 사람들이 일의 의미를 찾을 수 있도록 이끄는 문화를 만들어야 한다. 미래 사회를 다룬 영화 〈써로게이트Surrogates〉, 〈그녀Her〉를 보면, 인간 이란 결국 콘택트하고 싶어하는 동물이란 것을 알 수 있다.

언택트 시대, 디지털 비즈니스 전략을 실행하는 데 있어 고객, 가치, 의미를 꼭 기억하자. 변화의 속도가 빠르고 새로운 것들이 등장할수록 우리는 현상에만 집중하는데, 본질을 놓쳐서는 미래 에 대응할 수 없다. 특히 이렇게 불확실한 환경 속에서는 더욱 그 렇다. 이 책이 언택트 시대의 또 다른 기회를 찾을 수 있는 밑거름 이 되길 바란다.

R E F E R E N C E

프롤로그

존 코터 저, 류현, 유영만 공역(2009), 《존 코터의 위기감을 높여라》, 김영사.

짐 콜린스 저, 이무열 역(2002), 《좋은 기업을 넘어 위대한 기업으로》, 김영사.

짐 콜린스 저, 김명철 역(2010), 《위대한 기업은 다 어디로 갔을까》, 김영사.

클레이튼 M. 크리스텐슨 저, 이진원 역(2009), 《혁신기업의 딜레마》, 세종서적.

필립 에번스, 토머스 S. 워스터 공저, 보스톤 컨설팅 그룹 역(2002), 《기업 해체와 인터넷 혁명》, 세종
서적.

ACSI, American Customer Satisfaction Index Retail And Consumer Shipping Report 2019-
2020, 2020.02.25.

〈CNBC〉, "America's department stores can make it as much as 8 months with closed stores
before liquidity troubles mount, analyst says", 2020.03.27.

〈CNN Business〉, "JCPenney les for bankruptcy", 2020.05.16.

〈Forbes〉, "From Its Beginnings To Bankruptcy, A Historical Timeline Of JCPenney",
2020.05.17.

1장

김준연, 유호석, 박강민, 조원영, "세계화 4.0과 미래 사회: 새로운 디지털 사회에 대응하는 우리의
실천과제", 소프트웨어정책연구소, 〈Issue Report〉, 제2019-003호.

나심 니콜라스 탈레브 저, 차익종, 김현구 공역(2018), 《블랙 스완》, 동녘사이언스.

대홍기획 빅데이터마케팅센터, "코로나19, 뉴 노멀의 시작", 〈DAEHONG SPECIAL REPORT〉
Vol.2, 2020.05.11.

리처드 볼드윈 등저, 리처드 볼드윈 등편, 매경출판 편역(2020), 《코로나 경제 전쟁》, 매일경제
신문사.

미셸 부커 저, 이주만 역(2016), 《회색 코뿔소가 온다》, 비즈니스북스.

앨빈 토플러 저, 이규행 역(1998), 《미래 쇼크》, 한국경제신문사.

전국경제인연합회, 포스트 코로나 시대 유망산업 조사 보도자료, 2020.04.28.

페로 미킥 저, 오승구 역(2010), 《프리즘: 미래를 읽는 5가지 안경》, 쌤앤파커스.

페트리셔 E. 무디, 리처드 E. 모얼리 공저, 이재규 역(2001), 《2020년 기업의 운명》, 사과나무.

한국과학기술기획평가원, 〈포스트 코로나 시대의 미래전망 및 유망기술, KISTEP 미래예측 브리프〉,
　　2020.01.
현대차증권 리서치센터, 〈코로나 19 영향 점검〉, 2020.03.16.
〈Financial Times〉, "The world after coronavirus", 2020.03.20.
KOTRA, 〈포스트 코로나19 중국 유망 상품, 유망 서비스〉, 2020.04.
McKinsey&Company, "Beyond coronavirus: The path to the next normal", 2020.03.

2장

경기연구원, "코로나19 세대, 정신건강 안녕한가! 이슈&진단", No. 414, 2020.05.15.
김시언, "국내 HMR 시장의 성장과정과 업계 대응방안", KDB산업은행 미래전략연구소, 2019.
　　08.05.
방송통신위원회, 2019 방송매체 이용행태 조사, 2019.
융합금융처, "KOSME 산업분석 리포트- 음식료: 간편식(HMR)-", 2019.04.
인크로스, "2020년 4월 인크로스 미디어 데이터 클리핑", 동영상 플랫폼 편, 2020.04.
　　_____ , "INCROSS Digital Media Trend Story", 2019.10.
장하준 저, 김희정, 안세민 공역(2010), 《그들이 말하지 않는 23가지》, 부키.
〈채널CJ〉, "CJ제일제당 "올해 가정간편식 키워드는 가시비 · 4th Meal · BFY"", 2020.03.23.
한국건강증진개발원, "직장인 10명 중 6명, "헬스클럽 등록하고안 갔다" … 왜?", 2015.11.27.
한국트라우마스트레스학회, 코로나바이러스감염증-19 국민 정신건강 실태조사, 2020, 전국 시도
　　19세~70세까지 총1,014명 대상 온라인 조사결과.

3장

과학기술정보통신부 합동, 〈일인 미디어 산업 활성화 방안〉, 2019.08.30.
김치원 저(2020), 《디지털 헬스케어는 어떻게 비즈니스가 되는가》, 클라우드나인.
박지훈, 송승재, 배민철, "디지털치료제 기술동향과 산업전망", 〈KEIT PD Issue Report〉, 20(3).
산업통상자원부, 정보통신산업진흥원, 2018년 이러닝산업 실태조사, 2019.05.31.
　　_____ , 오프라인과 온라인 각각 13사 대상 조사결과, 2020.04.29.
서울시, "서울시, 자동차등록대수 전년대비 감소, 친환경차량 급증", 2020.01.30.
신세계그룹인사이드, "위생 소비, 가전 순위도 바꿨다! '3대 세척가전' 매출 쑥", 2020.03.22.
앱마인더, "코로나19 이후 모바일 앱 이용 시간 증가", 2020.04.07.
아이스크림에듀, "New Education Paradigm 2019 IR 자료", 2019.

이현경, "디지털 테라퓨틱스 시대의 도래", KOTRA, 2019.02.12.

정귀일, 박승혁, "중국 공유경제 시장 현황 및 시사점", 〈TRADE BRIEF〉, No. 202010.

최윤섭 저(2020), 《디지털 헬스케어 의료의 미래》, 클라우드나인.

한국정보화진흥원, 2019 인터넷이용실태조사, 2020.03.

현대경제연구원, 〈2020년 국내 10대 트렌드〉, 20(3).

Allied Market Research, "Global Digital Therapeutics Market Expected to Reach $9.64 Billion by 2026".

〈Business Insider〉, "The pandemic means electric scooter rentals will be allowed on the UK's public roads from June", 2020.05.11.

Michael Moe & Vignesh Rajendran, "Dawn of the Age of Digital Learning", GSV Ventures, 2020.05.07.

〈U.S.News〉, "Online Bachelor's Degrees and Programs".

Woebot, "Woebot Labs adds COVID-19 support through its mobile health chatbot", 2020.04.07.

ZDNet Korea, "위메프, 홈스쿨링 신청 늘었다 … 3월 역대 최대", 2020.05.07.

4장

교육부, 2019 초중교 진로교육 현황조사결과 발표 보도자료, 2019.12.11.

박경숙 저(2013), 《문제는 무기력이다》, 와이즈베리.

이형석 등, "KOTRA, 소셜 인플루언서를 활용한 미국 시장 진출 전략" KOTRA, 2017.09.15.

찰스 핸디 저, 노혜숙 역(1998), 《헝그리 정신》, 생각의나무.

허지성, 김국태, "취향과 체험 전염성 있는 브랜드 만든다", LG경제연구원, 2015.07.22.

현대경제연구원, 〈2020년 국내 10대 트렌드〉, 통권 867호, 2020.01.23.

Alain de Botton, "A kinder, A kinder, gentler philosophy of success", TED Global 2009, 2009.07.

〈Business Insider〉, "Amazon is paying influencers big commissions to sell its products, and it's open to anyone. Here's how to sign up", 2019.02.08.

〈Crunchbase News〉, "Peloton (Finally) Drops Its S-1, Revealing Sharply Rising Revenue And Net Lossesm", 2019.08.27.

HS 애드, "덕후 아이템에서 나만의 정체성으로, 소셜 빅데이터로 본 굿즈 열풍", 2018.04.11.

Worldometer, "Coronavirus Update", 2020.05.13.

5장

고용노동부, 〈ILO 일의 미래 보고서〉, 2019.

나스미디어, 〈나스리포트〉 305호, 2020.05.

린다 그래튼 저, 조성숙 역(2012), 《일의 미래》, 생각연구소.

삼정KPMG, "RPA 도입과 서비스 혁신: 금융산업 사례를 중심으로", 〈ISSUE MONITER〉, 제72호.

앨빈 토플러 저, 이계행 감역(1989), 《제3물결》, 한국경제신문사.

조나 버거 저, 정윤미 역(2013), 《컨테이저스 전략적 입소문》, 문학동네.

포스코경영연구소, 〈주 52시간 시대의 해법, RPA를 주목하라〉, 2019.02.21.

한국무역협회, "코로나19로 주목받는 중국의 언택트 산업", 〈KITA Market Report〉, 2020.04.

한국정보화진흥원, "2020년 ICT 이슈와 9대 트렌드 전망", 〈IT & Future Strategy〉, 제7호, 2019.
    12.31.

CEOSCORE, "코로나19 고용시장 강타, 대기업 직원 두달간 1만 명 줄었다", 2020.04.29.

CJ CGV, CJ CGV 2020년1분기실적발표회, 2020.05.08.

IFR, IFR Press Conference, 2019.09.18.

Medibloc blog, "[재택근무 가이드라인] 업무효율성 높이는 5가지 방법", 2020.03.05.

Stuart W. Elliott, 〈Computers and the Futureof Skill Demand〉, OECD, 2017.

Xavier Lhuer, "The next acronym you need to know about: RPA(robotic process automation)",
    Digital McKinsey, 2016.12.

6장

김보경, "디지털 트랜스포메이션 시대, 지속 성장하는 기업의 전략", 〈TRADE FOCUS〉, 2019년 41호.

김양민 저(2019), 《불확실을 이기는 전략》, 박영사.

데이비드 색스 저, 박상현, 이승연 역(2017), 《아날로그의 반격》, 어크로스.

롤프 옌센 저, 서정환 역(2005), 《드림 소사이어티》, 리드리드.

스티븐 H. 해켈 저, 정명호, 원인성 역(2001), 《감지-반응 기업》, 세종서적.

에이드리언 J. 슬라이워츠키, 칼 웨버 공저, 유정식 역(2012), 《디맨드》.

대한상공회의소, 맥킨지, 〈대한상의·맥킨지 한국 기업문화 및 조직 건강도 2차 진단 보고서〉, 2018.
    05.05.

마스다 무네아키 저, 백인수 역(2014), 《라이프스타일을 팔다》, 베가북스.

사소 쿠니타케 저, 김윤희 역(2019), 《쓸모 있는 생각 설계》, 토네이도.

크리스티안 마두스베르그 저, 김태훈 역(2017), 《센스메이킹》, 위즈덤하우스.

피터 힌센 저, 이영진 역(2013), 《뉴 노멀》, 흐름출판.

황지영 저(2019), 《리테일의 미래》, 인플루엔셜.

Becky Frankiewicz, Tomas Chamorro-Premuzic, "Digital Transformation Is About Talent, Not Technology", 〈Harvard Business Review〉, 2020.05.06.

〈Business Insider〉, "Nike just opened a brand-new store that could change sneaker buying forever", 2018.07.13.

Granovetter, M. S., "The strength of weak ties", 〈American Journal of Sociology〉, 76(6): 1360-1380.

Julie Goran, Laura LaBerge, and Ramesh Srinivasan, "Culture for a digital age", 〈Mckinsey Quarterly〉, 2017.07.

〈The Economist〉, "The changes covid-19 is forcing on to business", 2020.04.11.

Weick, K. E., Sutclie, K. M., Obstfeld, D.(2005), 〈Organizing and the Process of Sensemaking, Organization Science〉, 16(4): 409-421.

에필로그

탈레스 S. 테이셰이라 저, 김인수 역(2020), 《디커플링》, 인플루엔셜.

국내 기사

〈경향신문〉, "'누구나 쉽게 어디서든' 스마트폰으로 명상한다", 2020.01.11.

_____ , "미국 코로나 인테리어 '책장 꾸미기'", 2020.05.09.

〈국민일보〉, "출퇴근 종말 예고편? ⋯ 재택근무가 기본 노동형태 될 수도", 2020.05.01.

〈그린포스트코리아〉, "코로나19 팬데믹 이면 ⋯ 프라이빗 럭셔리 산업 의외의 호황?", 2020.04.19.

〈넥스트데일리〉, "RPA로 하는 '포스트 코로나' 대응 방안은?", 2020.04.22.

〈녹색경제신문〉, "통신3사가 '게임' 유통에 나선 이유 ⋯ "클라우드로 언택트 수요 흡수해 고객 확보"", 2020.06.01.

〈뉴스원〉, "NHN '재택근무 확산에 화상회의 접속률 25배 증가'", 2020.03.13.

_____ , ""코로나19 이후 여행은?" 전문가 7인에게 물어보니", 2020.05.07.

_____ , "삼양그룹, 전 계열사에 '로봇 자동화' 도입 ⋯ 올해 안에 4만 시간 절감", 2020.05.14.

〈뉴시스〉, "독서와 관계를 팝니다 ⋯ 트레바리 윤수영 대표", 2019.12.12.

_____ , "WHO 코로나19, '엔데믹' 될 수도 ⋯ 주기적 발병 가능성", 2020.05.04.

_____ , "슈퍼주니어, 온라인콘서트에 12만 3천 명 들썩", 2020.06.01.

〈뉴스투데이〉, "'CU·GS25·세븐일레븐' 빅3편의점 미래형 매장 살펴보니", 2020.03.19.

〈뉴스핌〉, "코로나가 만든 'AI 면접' … 은행권 도입 모색", 2020.03.27.

〈더벨〉, "중국 '포스트 코로나 경제'에 주목해야 한다", 2020.03.27.

〈동아일보〉, "진화하는 온라인 공개수업 미국 대학을 뒤흔든다", 2015.06.12.

_____, "10조 육박 '인플루언서 경제' … 기업들, 거품 논란에 마케팅서 탈출 움직임", 2019.
10.21.

_____, "대세보다 취향 중심 시장 변화 … 뉴트로 경향 당분간 지속", 2020.01.09.

_____, "코로나가 바꾼 대학 풍경", 2020.03.26.

〈매경이코노미〉, "코로나19 시대 '쇼핑 뉴트렌드' | 극장도 로봇이 안내 '언택트시네마' 판매자와
실시간 커뮤니케이션 '라이브 커머스'", 2020.05.08.

〈매일경제〉, ""車를 왜 사요?" … 쏘카 회원 600만 명 육박", 2020.01.23.

_____, "원격솔루션 뜨고 공유경제 추락", 2020.03.20.

_____, "'집콕' 길어지자 인테리어·집안 정리용품 판매 증가", 2020.03.22.

_____, "中 재택근무 열풍, 넥스트노멀 준비해야", 2020.03.31.

_____, "코로나19에 뜨는 '프라이빗 이코노미' … '불특정 다수' 대신 '우리끼리만', 광장 시대
가고 사랑방 경제로", 2020.04.01.

_____, "문서 50만 건 분석에 단 5분, 코로나 같은 블랙스완 AI가 투자 리스크 줄여주죠", 2020.
05.07.

_____, "트위터 '원한다면 언제든지 재택근무 하세요'", 2020.05.13.

〈머니투데이〉, "'비대면 영화관' 시대 … CGV 여의도, '언택트 시네마' 단장", 2020.04.20.

〈머니투데이방송〉, "코로나로 로봇의 사람 대체 가속화할까?", 2020.04.23.

_____, "코로나 무서워도 인재는 뽑아야 … 언택트 채용 'AI면접' 활성화", 2020.05.04.

〈문화일보〉, "2025년엔 170ZB 생성 … 데이터量 증가속도 '상상초월'", 2018.01.17.

_____, "'포스트 코로나19 시대'의 19가지 '뉴 트렌드' … ", 2020.05.04.

〈벤처스퀘어〉, "우아한형제들, LG전자와 배달 로봇 사업협력", 2020.02.28.

〈보안뉴스〉, "'강제 재택근무의 시대', 보안 담당자들의 암흑기 열리나", 2020.03.12.

〈서울경제〉, "TV, 아이스크림에듀, 신종 코로나 악재에도 주가 '고공행진' … 반사이익 기대", 2020.
02.03.

_____, "코웨이, 30년 노하우 발판 '구독경제'로 해외 진출", 2020.03.22.

_____, "롯데백화점 라이브방송 한번에 억대 매출", 2020.04.12.

_____, ""감염 위험·비용 줄여줘요" … 코로나 맞선 '공유경제의 역발상'", 2020.05.05.

〈소비자가 만드는 신문〉, "삼성 이재용과 LG 구광모, 인공지능에 미래를 걸었다 … 경쟁력 강화 적극
행보", 2019.11.07.

〈스타트업엔〉, "맞춤 영양제 정기구독 서비스 '필리', 영양제 추천수 27만 건 돌파", 2020.04.17.

〈식품외식경제〉, "무인시대(無人時代)가 본격화되고 있다", 2019.07.18.

〈아시아경제〉, "'헬스 인강'으로 7년 만에 4조 원 기업 가치 인정받은 '펠로톤'", 2019.06.10.

〈아이뉴스24〉, "아마존, 무인상점 '식료품'으로 확대", 2020.02.26.

_____ , "네이버-SM, 온라인 콘서트 서비스 론칭", 2020.04.14.

〈아주경제〉, "코로나19가 뒤흔든 공유경제", 2020.04.22.

〈연합뉴스〉, "코로나19에 '언택트 채용' 확산 … 기업 31%, 온라인 전형 도입", 2020.03.18.

_____ , "미국, 2022년까지 '사회적 거리 두기' 필요할 수도", 2020.04.15.

_____ , "NHN '매주 수요일은 회사 밖에서 원격근무하는 날'", 2020.05.07.

_____ , "4차위, 데이터 3법 간담회 … 코로나19 이후 데이터 중요성 커져", 2020.05.14.

〈위키리스크한국〉, "은행원 없는 은행 … RPA 통해 업무 부담 줄이는 금융권", 2020.02.05.

〈이데일리〉, "'커피업계 '구글' 될 것' … '비트2E' 로봇카페 가보니," 2019.03.21.

_____ , "셔츠에서 자동차까지 … 600조 시장을 구독하다", 2020.05.06.

〈이코노미조선〉, "조직문화의 넷플릭스 커버 스토리", 308호, 2019.07.17.

_____ , "국내외 미래 전문가 9人이 예상한 포스트 코로나", 346호, 2020.05.04.

_____ , "지식 콘텐츠 플랫폼 '퍼블리' 박소령 대표", 346호, 2020.05.04.

〈전자신문〉, "학습도 비대면 … '에듀테크' 판 커졌다", 2020.03.10.

_____ , "직장인, 온라인 교육 이용↑ … 휴넷, 사회적 거리두기 중 학습자수 급증", 2020.05.
11.

〈조선비즈〉, "미네르바스쿨 "올해 첫 졸업생 진로, 아이비리그보다 성과"", 2019.05.11.

_____ , "미래교육 열쇠 … 500조 에듀테크 시장 꿈을댄다", 2019.05.11.

_____ , "다니엘 크래프트 "헬스케어 개인 중심으로 전환될 것 … 규제 완화 필요"", 2019.11.14.

_____ , "포스트 코로나 시대 '로봇 사원' 늘어날 듯 … 비용절감 · 디지털 혁신 역할", 2020.05.
04.

_____ , "잘나가던 에어비앤비, 직원 4분의 1 해고 … 기업 가치 '반 토막'", 2020.05.06.

〈조선일보〉, "자기계발 강박증, 국내 직장인 84% 느껴 … 완화법은 없나?", 2017.03.29.

_____ , "소프트뱅크 투자 받은 로봇 피자 업체 '줌피자' 구조조정 발표", 2020.01.09.

_____ , "앞으로 10년간 전 세계 대학 절반 사라질 것", 2020.01.20.

_____ , "넷플릭스, 2년 새 가입자 10배로", 2020.04.28.

_____ , "영업익 넷플릭스 2배 급증, 구글도 20% 늘었다", 2020.04.30.

_____ , "니먼 마커스 이어 J.C.페니 … 100년 美 백화점이 쓰러진다", 2020.05.17.

_____ , "스타벅스 굿즈가 뭐길래 … 커피 300잔 주문도", 2020.05.25.

〈주간동아〉, "구독경제 파급 효과, 화장품시장 불붙었다", 2019.12.21.

〈주간한국〉, "코로나發 경제실험 … 재택근무가 뉴 노멀?", 2020.03.16.

〈중앙일보〉, "CJ도, 이마트도, 농심도 간편식 한마음 … HMR 시장 4조 원 시대", 2019.02.24.

_____ , "밀레니얼 세대 10명 중 7명, '나는 홈루덴스족'", 2019.07.15.

_____ , "'마트' 대신 '클릭' … 한국, 온라인 장보기 세계 1위", 2019.07.16.

_____ , "재택근무 한 달 … '성과 측정'과 '가이드라인'이 성패 가른다", 2020.03.20.

_____ , "상식 뒤집은 '디지털 명상' … 코로나 블루 시대 마음 달랜다", 2020.04.25.

〈지디넷코리아〉 "링크드인, AI 면접 연습 도구 공개", 2020.05.04.

〈파이낸셜신문〉, "공급·수요·실물·금융 동시 타격 '복합위기' … '넥스트 노멀' 철저 준비", 2020.
05.04.

〈파이낸셜뉴스〉, "성인 5명 중 3명 "나는 집에서 쉬는 홈족"", 2018.11.04.

〈한경비즈니스〉, "디지털 시대 '핫 트렌드' 된 '명상' … 종교수행법 넘어 대중화", 2019.08.06.

_____ , "조영제 "롯데온, 유통의 넷플릭스 도전한다"", 2020.05.06.

_____ , "재택근무를 디지털 전환의 시작으로 코로나19가 바꾼 일하는 풍경들", 2020.05.12.

〈한국경제〉, "하비인더박스 "취미가 무엇이건 주문만 하세요"", 2019.12.23.

_____ , "'코로나 집콕' 30·40대로 미어터진다 … 온라인 '취미 플랫폼'", 2020.04.11.

_____ , "홈트 구독경제업체 펠로톤 "코로나19가 기회"", 2020.05.07.

_____ , "포스트 코로나, 달라질 풍경 5가지", 제180호, 2020.05.

〈한국대학신문〉, "ASU 혁신 DNA … 국내 대학 위기 탈출 '키' 되길", 2019.11.17.

〈한국일보〉, "처음 본 사람들과 가볍게 수다 … 남의집 여행 어때요", 2019.12.14.

_____ , "인사담당자들이 불공정하다 느끼면서도 면접 때 꼭 묻는 질문은?", 2020.01.29.

_____ , "美도 코로나19로 엄마만 더 바빠졌다", 2020.05.07.

_____ , "실리콘밸리 Me세대 "외로움도 고민도 챗봇과 대화로 해결"", 2019.07.04.

〈헤럴드경제〉, "이젠 '라이브 커머스'로 … 유통, 판 바뀐다", 2020.04.21.

〈CIO〉, "이제 신발도 구독하는 시대 … 나이키, 유아동 대상 서비스 출시", 2019.08.14

〈IT동아〉, "연체료 40달러에 화난 그 남자가 설립한 기업 넷플릭스", 2017.06.12.

〈IT조선〉, "코로나19에 '재택근무·원격근무 지원' 대안 내놓은 스타트업들", 2020.02.25.

_____ , "원격근무 경험이 이력서 빛내는 시대", 2020.03.09.

_____ , "네이버·카카오가 푹 빠진 '라이브 커머스'", 2020.03.10.

_____ , "코로나에 몰락하는 공유경제 … 우버·리프트 4700명 해고", 2020.05.07.

언택트 비즈니스

2020년 7월 3일 초판 1쇄
2020년 8월 24일 초판 6쇄

지은이 · 박경수
펴낸이 · 박영미
펴낸곳 · 포르체

출판신고 · 2020년 7월 20일 제 2020-000103호
팩스 · 02 – 6008-0126 | 이메일 · porchebook@gmail.com

ⓒ 박경수(저작권자와 맺은 특약에 따라 검인을 생략합니다)
ISBN 979-11-971243-0-3 03320

- 이 책은 저작권법에 따라 보호받는 저작물이므로 무단전재와 무단복제를 금지하며, 이 책 내용의 전부 또는 일부를 이용하려면 반드시 저작권자와 포르체의 서면 동의를 받아야 합니다.
- 이 책의 국립중앙도서관 출판시도서목록은 서지정보유통지원시스템 홈페이지(http://seoji.nl.go.kr)와 국가자료공동목록시스템(http://www.nl.go.kr/kolisnet)에서 이용하실 수 있습니다.
- 잘못된 책은 구입하신 서점에서 바꿔드립니다.
- 책값은 뒤표지에 있습니다.

- 여러분의 소중한 원고를 보내주세요.
  porchebook@gmail.com